Depresión: La herramienta oculta de la evolución

Edson Rosales

"Aunque perezcan mil junto a ti y diez mil a tu diestra,
tú no serás alcanzado"

CONTENIDO

PRÓLOGO

La depresión es la primera causa de incapacidad laboral de la actualidad, una desmotivación absoluta que genera pérdidas milmillonarias a nivel global. Se estima que afecta a más de trescientos millones de personas en el mundo (una población mayor que la de los Estados Unidos) y continuamente se extiende afectando a cada vez más gente, su crecimiento parece imparable. Esto es alarmante pero aún falta mencionar lo peor, la depresión constituye la segunda causa de muerte para jóvenes en el rango de edades entre 15 y 29 años porque anualmente se suicidan cerca de ochocientas mil personas, lo que significa que cada cuarenta segundos se suicida alguien en el mundo, ¿quieres contar hasta cuarenta?... La depresión es una condición muy seria que requiere atención y cuidado y no es en ningún caso un síntoma de debilidad o pusilanimidad. Cualquier persona puede padecer depresión sin importar cuan fuerte sea su carácter o su cuerpo.

Los policías de San Francisco encargados de custodiar la zona del Golden Gate, puente que ha servido a más de mil seiscientas personas para saltar al suicidio, son expertos en conversaciones con personas a punto de quitarse la vida y entre lo más sustancial que he obtenido de sus testimonios está la recomendación de no tener miedo de, a alguien deprimido, hacerle la pregunta: "Muchas personas en tu misma situación han pensado en quitarse la vida, ¿tú lo has pensado?". Preguntarle a una persona si quiere suicidarse no le incentiva a hacerlo, por el contrario disminuye su ansiedad y le transmite la comprensión y aceptación que tanto necesita en ese momento. Pero el consejo fundamental para todo aquel que trata con alguien con ideas suicidas es: Escuchar; escuchar para entender, no discutas, no culpes, no digas a la otra persona que sabes cómo se siente (porque muy probablemente no lo sabes). Es mediante este tratamiento que pueden relatar una gran cantidad de historias de personas que después de estar allí, a un mínimo impulso de terminar con sus vidas, decidieron dar media vuelta y abrirse a una nueva oportunidad en la vida, y al preguntarle a estas personas qué los hizo cambiar de opinión la respuesta es casi unánime: "Me escuchaste. Me dejaste hablar y sólo escuchaste".

Las personas deprimidas se caracterizan principalmente por tener: desesperanza (creer que todo va a seguir mal para siempre), impotencia (creer que no pueden hacer nada para arreglar o mejorar su situación), aislamiento social, desmotivación generalizada y pérdida del interés por la vida. Todas estas actitudes se constituyen en un ciclo vicioso, por ejemplo: a mayor aislamiento social, mayor depresión, y a mayor depresión, mayor aislamiento social. Y así es como el dolor crece y la persona al igual que cualquier otro ser humano buscará calmar su dolor, comúnmente con: dormir, consumo de alcohol o drogas y/o comenzar a considerar la muerte como un posible alivio.

Como muchas cosas en la vida, existen distintos

caminos que llevan a un mismo punto, por lo tanto cuando te encuentras con una persona deprimida no puedes suponer que la causa que le llevó a estar así es la misma que en los demás casos. La mayoría de las personas con depresión están así por crisis existenciales (cada una muy específica y particular), personas atormentadas por el peso del sufrimiento y las complicaciones de sus vidas, no se trata de gente con la química cerebral dañada (aunque en otros casos sí sea esta la causa); ante un origen distinto debe haber un manejo también distinto de la situación y una solución única, profundamente involucrada con la persona y su realidad.

Cada ser humano es único e irrepetible, un ADN único, rasgos biométricos únicos, psicología única, talentos únicos y ¿qué hace la sociedad ante esta diversidad y singularidad de cada persona? Nos da a todos exactamente la misma educación y nos evalúa a todos según el mismo criterio, pasa por alto la necesidad de estudiar al individuo y sus motivaciones antes de proceder a educarlo y evaluar sus progresos en base al aporte único que esa persona puede dar a la sociedad.

Lionel Messi y Cristiano Ronaldo dudo mucho que hubiesen sido igualmente buenos de arquitectos o ingenieros que de futbolistas; pero en algún punto nuestra sociedad se enceguéció a esa realidad y comenzó a desechar el amor por la vocación como la clave de una persona feliz y realizada y por lo tanto de una sociedad mucho más productiva.

El rasgo más sobresaliente de la depresión es la desmotivación.

Recientemente un estudio de la universidad de Cambridge sobre la motivación reveló que cuando intentamos motivar a otros o automotivarnos solemos usar con mayor frecuencia el recurso más inútil: el miedo al futuro. Amenazamos con lo que pasará más adelante si no enmendamos la conducta, un ejemplo claro es las advertencias que aparecen en los empaques de cigarrillos, cifras e imágenes aterradoras de las consecuencias de fumar y ¿qué hace el cerebro humano ante una información tan veraz e irrefutable? La ignora groseramente. Porque al cerebro no le gusta sentirse mal, buscará sentirse bien así sea mediante la negación, la racionalización, el autoengaño o cualquier otro mecanismo de defensa psicológico. El estudio concluye entonces que si queremos una motivación realmente efectiva debemos apuntar a tres tipos de estímulos que sí van acordes a la dinámica natural de nuestra mente, primero el reconocimiento social, segundo el monitoreo del progreso personal y tercero la recompensa inmediata, esos tres elementos son el empuje adecuado para desencadenar un cambio conductual.

Ejemplificando, si queremos mejorar el desempeño laboral lo hacemos mediante, primero comparar las métricas del empleado con el promedio del resto del equipo y con las del mejor compañero de trabajo (esto sería reconocimiento social), segundo mostrar la evolución de esas cifras del empleado con relación a sí mismo en momentos anteriores (eso sería el monitoreo del progreso personal lo cual al cerebro también se le da muy bien), y por último, darle un incentivo semanal o diario al trabajador que le permita sentir un placer inmediato por el esfuerzo realizado.

Otro ejemplo puede ser abandonar un vicio, primero te comparas con el promedio de la gente en el mundo y con alguien ejemplar que no tenga ese mal hábito, segundo te monitoreas según haya sido tu evolución en varias etapas anteriores y sumando el monitoreo de cada día a partir de allí, por último date una recompensa diaria cada vez que evoluciones favorablemente ya sea en términos de una reducción o en la supresión por completo del vicio.

No te abandones al solo uso de la fuerza de voluntad, aplica esos tres principios (reconocimiento social, monitoreo del progreso y recompensa inmediata) a cualquier proceso de cambio o mejoramiento de conducta que quieras llevar a cabo y verás el éxito al final.

Pero esto no es un libro sobre la motivación sino sobre la depresión; la muerte y la evolución que conlleva...

1 | EL DOLOR

Varias décadas atrás se llevó a cabo un experimento sobre el dolor: consistía en pedirle a los pacientes que fueran narrando su sensación durante un procedimiento de colonoscopia (que en aquel entonces era dolorosa, ya no) y se dividió en dos grupos a los pacientes, uno que recibió su examen médico de forma normal y otro que se le prolongó arbitrariamente el mismo; a los del primer grupo el procedimiento se les terminó justo en el momento más doloroso y a los del segundo se les fue disminuyendo la sensación de dolor progresivamente hasta llegar a una mínima molestia antes de finalizarlo por completo. El nivel máximo de dolor reportado durante el procedimiento fue el mismo en ambos grupos, pero ¡sorpresa! Cuando se les preguntó cómo calificaban su experiencia después de haber terminado, quienes peor la calificaron fueron los del primer grupo. ¿Cómo es posible que el segundo grupo, quienes experimentaron todo el dolor que sufrieron los del primero y algo más (debido a la extensión innecesaria del examen médico por parte de los investigadores), tuvieran una mejor perspectiva al relatarlo que los del primer grupo? La razón es porque el proceso terminó en un nivel de dolor muchísimo menor que en el que terminó para el primer grupo, y así como finaliza es como se recuerda. Ahora, de este experimento se pudiera inferir que la consciencia humana se divide en dos: el yo que experimenta y el yo que recuerda. Y una cosa más importante aún: cuando tomamos decisiones, como lo hacemos en base a experiencias pasadas, el yo que recuerda es el que decide de forma autocrática, ese catador perenne de nuestro presente psicológico que es el yo que experimenta no tiene ni voz ni voto en nuestras decisiones. Suele pasar en las relaciones de pareja, no importan ya los buenos momentos vividos, si se terminó mal esa va a ser la etiqueta que vamos a guardar de esa persona, a veces para bien, porque si la relación degeneró en hacerse daño mutuamente en lugar de buscar la felicidad del otro, indica que la interacción de ambos saca lo peor de cada uno en lugar de lo mejor; pero el tema de la compatibilidad interpersonal será abordado más adelante en este libro.

Finalmente el punto central de este experimento es que nos permite entender que la mente aumenta o disminuye de forma arbitraria la percepción de dolor en nuestra memoria según cómo nos relatamos a nosotros mismos las experiencias. Algo a tener en cuenta porque tal vez nuestra vida es mucho mejor de lo que nos la hemos estado relatando por esas últimas experiencias tan desagradables, puede que estemos obviando todas las cosas buenas que hubo y/o amplificando el malestar por la forma en que lo recordamos.

El dolor es un sistema de alarma muy sofisticado que nos permite cuidar nuestros cuerpos de la mejor manera. Basta la sensación de quemadura para retirar, con el más violento y rápido movimiento que somos capaces, la mano del calor que la está ocasionando; de no ser por el dolor, iríamos a nuestro paso por la vida coleccionando sin darnos cuenta quemaduras incapacitantes, cortaduras, lesiones y en muy poco tiempo la muerte.

También se realizó otro experimento donde los participantes sujetaban barras de hielo exactamente iguales (sin saber lo que tocaban) y señalaban sentir mayor dolor cuando lo hacían mientras observaban una luz roja que cuando lo hacían mirando una luz azul ¿cómo pueden sentir más dolor si es la misma barra lo que tocan? Porque la percepción de dolor es subjetiva y el cerebro suele tomar atajos, el color rojo es el color del calor intenso, por lo tanto el cerebro lo asociará a un mayor riesgo de daño.

Siguiendo la línea de lo que nos enseñó cada experimento podemos mantener nuestro indispensable sistema de alarma y protección 100% funcional, pero a la vez manipularlo mediante la narrativa apropiada para no dejar que nos aflija.

La soledad

Todos nos sentimos solos en algún momento, y está bien, el problema surge cuando la soledad se prolonga por un periodo muy extenso, ahí es cuando notamos que nuestro cuerpo no sólo presta atención a nuestras necesidades físicas sino también a las sociales y nos lo recuerda mediante cierto dolor social producto de una adaptación evolutiva, un mecanismo de supervivencia que por siglos ha alertado a los humanos ante el rechazo del resto del grupo lo cual implicaría una disminución de la probabilidad de sobrevivir en la misma medida que se desconecta de sus semejantes. Cazar en equipo, resguardarse, calentarse mutuamente, reproducirse, entre otras, eran las actividades que convertían al aislamiento en el mayor riesgo de no sobrevivir, por lo tanto el dolor social al igual que cualquier otro dolor nos obliga a modificar nuestra situación y huir de lo que amenaza nuestra vida, en este caso, nos empuja a cambiar nuestro comportamiento en orden de encajar nuevamente en el grupo. Esa es la razón por la que la soledad puede ser tan dolorosa.

El aislamiento no sólo es una de las causas de la depresión, es un factor que la prolonga y empeora, por lo tanto, si padeces síntomas de depresión es importante conectar con otra persona, en especial alguien a quien puedas contarle cómo te sientes.

La soledad, contrario a lo que podría pensarse, no tiene nada que ver con tener pocas habilidades sociales o comunicacionales, hay personas con gran inteligencia y carisma viviendo completamente solas.

Una vida solitaria es una de las conductas menos saludables que podemos adoptar, debilita el sistema inmunológico, acelera el envejecimiento y favorece la aparición y el avance de enfermedades como el cáncer y el Alzheimer, entre los más comunes efectos conocidos. La soledad es el doble de mortífera que la obesidad y tan perjudicial como fumar un paquete de cigarros diario.

La Universidad de Harvard hizo el estudio más largo del que haya registro, el cual durante más de 75 años (por lo cual ha sido dirigido por ya cuatro generaciones de científicos), ha monitoreado el desarrollo adulto de 724 hombres desde su infancia hasta su ancianidad, encontrando mucha información valiosa entre la que destaca que lo que hace realmente felices a las personas no es la fama ni el dinero sino los vínculos interpersonales que poseen, pero no la cantidad sino la calidad y profundidad de estos. Las buenas relaciones interpersonales están asociadas a mejores índices de salud, y las personas con relaciones profundas, sinceras y sólidas no sólo tienen mejor salud física y se recuperan más rápido de las situaciones dolorosas, sino que tienen una mente más saludable y menos propensa a problemas mentales y pérdida de la memoria en edades avanzadas.

Sanando un corazón roto

Si lo que te llevó a la depresión fue una ruptura amorosa, no es nada extraño ya que un 40% de las personas que atraviesan una pérdida sentimental llegan a padecer depresión de manifestación clínica. Las decepciones amorosas causan un daño psicológico muy complejo que nos afecta en múltiples maneras. Cuando alguien que amamos se va de nuestras vidas sentimos un gran vacío, pero el error es dejarlo en un gran vacío general en lugar de identificar cada uno de los pequeños vacíos que lo componen, porque en llenar cada uno de esos vacíos está la clave de la recuperación. Hasta que no llenes cada uno de esos vacíos, no lograrás superar la pérdida. Y por cada uno de esos vacíos significa absolutamente todos ellos: si dejó un vacío en tu identidad (es necesario redefinir quién eres y qué quieres de tu vida), si dejó vacíos en tu vida social, las actividades perdidas y aún los vacíos en la pared donde iban las fotografías de ambos, todos los vacíos. Superar una ruptura sentimental es un proceso duro pero es posible si decides hacerlo.

Estudios de la dinámica cerebral han arrojado como resultado que la pérdida de un amor romántico activa los mismos mecanismos en el cerebro que se activan en un drogadicto cuando se le retiran sustancias como la cocaína o los opiáceos, esto es un dato capital porque un adicto siempre vuelve a consumir la droga aun sabiendo que le hace daño, así que tu cerebro buscará excusas para volver a consumir tu "droga", si no personalmente, a través de los recuerdos, los cuales estarán impregnados de una fuerte idealización (ahora esa persona te va a parecer perfecta porque así es como el cerebro trabaja para aumentar el deseo de obtener una pareja, eso mismo hace cuando conocemos a alguien con quien hay química, aleja de nuestra percepción los defectos de esa persona y los momentos desagradables mientras maximiza sus virtudes y sobredimensiona los buenos momentos a su lado, para darnos un fuerte empujón hacia la consumación del acto reproductivo y la prolongación del vínculo afectivo); todas las respuestas naturales que en otras circunstancias están a tu favor, ahora van a jugar en contra de tu recuperación, esto ocurre porque necesitamos amar y establecer vínculos, así que tu cerebro se va a poner a trabajar en función de recuperar esa relación, pero ése en particular no es un vínculo sano para ti (eso es algo que tus instintos naturales no saben, sólo tu mente consciente lo puede reconocer). Si alguien no es capaz de amarte no te merece y tú no mereces tan poco, no mereces mendigar amor ni tampoco conformarte con migajas de afecto, mereces alguien que sí sea compatible contigo y sí te ame de verdad, así que en lugar de dejarte manipular por tu cerebro, comienza a manipularlo tú: elabora una lista de cada una de las cosas malas que te hizo y cuando sientas que te arrastra la idealización toma la lista y léela completa (puedes guardarla en tu celular para tenerla siempre a la mano), aléjate de su perfume y la ropa que tenga su olor, bota todos los objetos que te obsequió y borra todas sus fotos y mensajes para que sea más difícil "drogarte" con su recuerdo, no hables más con esa persona, no intentes "investigar" las razones por las cuales terminaron (es sólo un vil pretexto para seguir esclavizándote a tu adicción, simplemente la energía de esa persona y la tuya no encajaban para desarrollar un amor mutuo, verdadero, profundo, duradero e indestructible), no le espíes por redes sociales, en fin, evita cualquier acción conducente a satisfacer la adicción porque sólo profundiza el dolor y complica la recuperación. Superar un desengaño no es un tránsito sino una guerra, de tu instinto contra ti, y la razón es tu mejor arma, donde además podrás ganar únicamente si tienes la voluntad de soltar y aceptar que por tu bien te conviene terminar, de lo contrario alimentas la tóxica esperanza de regresar con esa persona, y hasta la esperanza que es tan benéfica en todas las demás situaciones, tu instinto la va a usar en tu contra para manipularte a volver con alguien que no vale la pena. En este planeta vivimos más de 7.000.000.000 de seres humanos, siete mil millones de personas (repetido en cifra y en letras para que a tu instinto le cueste más trabajo borrarlo de tu mente), ¿qué probabilidad crees que hay de que esa persona sea la única que puedes amar y darte momentos felices? No dejes que el instinto reproductivo te siga engañando.

El placer y el dolor

Todas las sensaciones que experimentamos están dentro de dos grupos fundamentales de tonalidad opuesta: agradable y desagradable, placer y dolor. La percepción de ambos varía entre un individuo y otro, pero lo más relevante y útil en este caso es saber que nuestra percepción de placer y dolor está basada en una ley de contraste: un placer nos resulta más intenso si viene después de aliviarse un dolor, y viceversa. Por eso cuando no existe un contraste, cuando un placer o dolor persiste o se repite, su vivacidad y frescura se atenúan y poco a poco hasta puede llegar a desaparecer.

La respuesta ante el estímulo

Es curioso ver como algunos sabores que a mí me parecen repugnantes a otras personas les encantan, y viceversa. Pero esta diferencia en la percepción de las experiencias no se limita a la comida, abarca todo.

Un suceso personal que me mostró en qué manera un cambio de percepción puede hacer agradable algo desagradable fue la primera vez que siendo niño recibí una falta realmente fuerte que me lesionó jugando al fútbol, una lesión es dolorosa y conlleva una cantidad de tiempo sin poder volver a jugar, por lo que molesta, pero no en esa particular ocasión, no es que no me hubiera dolido, no es que no hubiera querido jugar durante el tiempo que estuve obligado a guardar reposo, es que por años había visto a todos mis ídolos del fútbol profesional perderse partidos por lesión y, aunque conscientemente nunca quise pasar por lo mismo, en aquel momento no podía evitar sentirme como uno de ellos, sentir que ahora sí estaba jugando realmente en serio y que esa lesión me daba algo en común con aquellos que tanto admiraba.

Una muestra verdaderamente significativa de percibir una situación a todas luces deprimente de forma optimista es el encarcelamiento de Tito Brandsma por el régimen nazi, ir a prisión es una realidad deprimente que no impidió relatar al prisionero: "estar preso me ha dado mucho tiempo para orar y estoy feliz porque me siento más cerca de Dios". Luego iría a un campo de concentración de donde no saldría con vida y sus últimas palabras fueron de perdón hacia quien lo ejecutó. Esa clase de actitud es la que te permite sobreponerte a cualquier adversidad y pasar al nuevo nivel evolutivo a través del veneno circundante.

Un sencillo ejercicio para experimentar un cambio inmediato en la percepción de las cosas es cuando dejamos de tomarnos de forma personal lo que otros nos hacen ¿Cómo realizarlo? Es bastante fácil, sólo eliminando nuestro pronombre personal cuando pensamos o nos referimos a lo que la persona hizo. Por ejemplo, no diré "esta persona ~~me~~ agrede" sino "esta persona agrede", no diré "fulano ~~me~~ traicionó" sino "fulano traicionó"; no se trata de algo que me haya hecho a mí sino de algo preexistente en su forma de ser que igual se lo hubiera hecho a otra persona. Una vez que se despersonaliza el agravio es más fácil echarlo a un lado y seguir con nuestra vida sin rencor ni amargura, saludando lo nuevo, libre de ataduras a las malas experiencias del ayer.

Cuántas maneras de percibir la realidad de forma diferente, con otros ojos, podemos fabricar en nuestro interior de forma intencional o no; algunas nos harán sentirnos bien, aún contra todo pronóstico.

Toma un poquito de los ojos de otras personas y anéxalo a los tuyos; si ellos no sufren por algo, puede que tú también logres vivir sin padecer por eso. Ahora ¿cómo puedo saber lo que ven los ojos de los demás? Abriéndome al mundo, leyendo, viajando, conociendo y escuchando a cada vez más gente y sus puntos de vista; no encerrándome en mí mismo, así nunca lo sabré. Hoy las telecomunicaciones nos dan el privilegio de poder conectar con el otro extremo del mundo en un instante, de socializar con todas las culturas mediante redes sociales y todo ello por un precio muy bajo, no hace falta un boleto de avión para expandir la cultura, no hay excusas para no hacerlo desde cualquier computadora o teléfono inteligente.

En Internet puedes enriquecer tu percepción de la vida con información que puede enseñarte técnicas para sobrellevar situaciones límite, como la que se desprende del llamado "experimento de la esperanza": fue un célebre experimento llevado a cabo por Rudolf Bilz con ratones de campo recién capturados, básicamente los metía en un tanque lleno de agua y a pesar de saber nadar todos murieron en menos de 15 minutos, este resultado fue anormal porque esos ratones suelen tener una gran resistencia nadando (hasta de 80 horas continuas sin ahogarse), por lo que el profesor Bilz decidió meter otro grupo en el contenedor pero unos instantes antes del momento en el que murieron los anteriores les lanzó una tabla que les permitió salir con vida del agua, luego, introdujo una vez más en el tanque a este mismo grupo que había salido antes con la tabla y sobrevivieron 80 horas nadando como unos campeones; todas esas horas de vida que tuvieron en las mismas condiciones que en pocos minutos fueron mortales para el primer grupo se las debieron a la paz mental con la que se mantuvieron, sabiendo que en cualquier momento podría aparecer la tabla que les permitiría volver a salir. Lo que mató al primer grupo no fue el agua ni el encierro, fue el miedo y la angustia, fue la desesperanza. No hay nada mejor que enfrentar las vicisitudes de la vida con una actitud positiva pensando que todo tiene solución, si no hoy, mañana. El miedo y la angustia indudablemente, lejos de resolver los problemas, menoscaban nuestra capacidad de resistencia y agotan nuestra energía antes de tiempo, la esperanza por otra parte no resuelve por sí misma nada pero nos permite estar al 100% de nuestras facultades, lo cual nos da las mejores probabilidades de éxito ante los grandes retos y dificultades que atravesemos.

Entre mejor comprendemos la forma en que funciona nuestra mente y el origen de esas funcionalidades, mayor control tendremos de nosotros mismos y de nuestra vida.

Mucha gente no entiende que tengas depresión y hayas perdido el deseo de vivir si tienes salud y tantas cosas que agradecer, mientras hay personas luchando contra el cáncer que a pesar del sufrimiento se aferran a la vida y no quieren morir. Así de complejos somos los seres humanos, no tienes nada de qué avergonzarte por tener depresión, al contrario, es un momento muy valioso para la introspección y examinar todos los propósitos de tu vida y aquello que realmente te puede motivar y ser una energía tan fuerte en tu vida que ni la depresión más intensa puede apagarla, si aún no hay una motivación así en tu vida no dejes de buscarla porque cuando la encuentres (y la vas a encontrar porque todos los seres humanos la tenemos) habrás superado la depresión. Cuando la depresión es de origen químico dentro de tu cuerpo es lógico que el tratamiento deba ser farmacológico, pero ¿se puede curar con medicamentos a alguien que se deprimió por la pérdida de un ser amado, un fracaso, la soledad o algún otro factor externo? En estos casos los medicamentos actúan solo como complemento o como una medida de emergencia, evitan que mueras antes que la terapia te permita arrancar de raíz el problema, en estos casos hay que comenzar a evaluar el estímulo y la razón por la cual la persona está respondiendo en forma depresiva, analizando las perspectivas de aquellos que también fracasan sin deprimirse, también deben decir adiós a la persona que más amaron y aún conservan el deseo de seguir adelante, no es una cuestión de fortaleza interior sino de interpretar los hechos desde otro punto de vista, ver el mundo con nuevos ojos.

*¿Realmente quieres morir o lo que
quieres es aliviar tanto dolor?*

Existe actividad eléctrica y electromagnética en la atmosfera sin necesidad de un cerebro que la contenga. Igual que un rayo circula por la atmósfera, la electricidad no necesita un cable para circular y ¿qué pasaría si la electricidad que hay dentro de mi cerebro sigue activa aun después que su cableado muera? Apenas el 5% de la luz emitida por un bombillo es visible para el ojo humano, el otro 95% se pierde en forma de calor. Lo que vemos es apenas una mínima fracción de todo lo que no vemos. Si sigo viviendo más allá de este cuerpo, en otro modo, en otras condiciones, lo cierto es que el dolor psicológico, la culpa, el miedo, el resentimiento, los malos recuerdos, etcétera, seguirían allí. Sería prolongar el dolor y tal vez hacia una dimensión donde resolverlo sea mucho más complicado. Los problemas que no se resuelven con matemática de primaria tal vez se resuelvan con la de secundaria, y si no, con la de la universidad. No es un tema de morir y llevarme el problema conmigo a donde mi consciencia se traslade, es un tema de aumentar el conocimiento que poseo hasta que lo que sé y lo que puedo imaginar gesten la solución, que es lo que realmente necesito. No necesito morir, necesito sanar mi alma y resolver mis problemas. Muchas enfermedades que no tenían cura hace cien años, hoy la tienen. Si tu mal te parece incurable no es porque realmente lo sea sino porque lo que sabes hasta ahora no es suficiente, pero dentro de un tiempo sabrás lo necesario para sanar completamente.

Un juicio sin pruebas ni testigos

Si tienes algún amigo abogado o (mejor aún) juez, antes de pasar al siguiente párrafo pregúntale ¿cómo se resuelve un juicio sin pruebas ni testigos? Su repuesta es importante porque te permitirá entender las capacidades que tenemos los seres humanos para resolver algo cuando no nos damos por vencidos, cuando persistimos, cuando el deseo de llegar a la meta es más grande que el miedo a no lograrlo. La fe no es sólo convicción, se alimenta de deseo, es el combustible que la pone a andar. Jesús leía las emociones de las personas, sabía cuándo tenían fe, sabía cuándo lo que les faltaba era deseo, por eso una vez preguntó a un paralítico si quería ser sanado. El relato no señala si el hombre quería o no, sólo dice que Jesús lo sanó, así que tenía fe, porque Jesús antes de eso dijo a una mujer "tu fe te ha sanado", el mayor sanador que la humanidad ha conocido no le dijo que él la había sanado, sino que la fe de ella obtuvo el favor. El problema de la fe sin deseo es que el día siguiente tal vez las ganas de estar de pie no sean más grandes que la costumbre de estar todo el día acostado y la fatiga de tener que exigirle a los músculos algo que hacía mucho tiempo que no hacen. Sin deseo, todo lo conseguido por la fe se puede ir perdiendo, hasta ser nada más que la triste historia de lo que pudo ser y no fue, el don que tuve y perdí.

Una vez dos prostitutas, el estrato más bajo socio-económica y moralmente, fueron llevadas ante el gran rey Salomón, no porque lo merecieran sus personas sino porque lo ameritaba la dificultad de su caso: un juicio sin ninguna prueba ni testigo alguno. El caso se hizo famoso por su dificultad para ser resuelto a pesar de su poca importancia. Una decía que amaneció con un bebé muerto que no era el suyo, el cual reconoció en los brazos de otra prostituta a la que acusaba de haberlos cambiado mientras dormía, la acusada lo negaba todo. Y ya, esas mujeres eran la escoria de la sociedad y estaban ante el rey cuya autoridad era absoluta, se creía que era dada por el mismo Dios, así que si lo deseaba podía condenarlas a muerte a ambas y nadie se habría opuesto, el rey hacía las leyes y dictaba las sentencias, todos los poderes del Estado en un individuo sin contrapesos ni comunidad internacional. El rey dictó sentencia y nadie más abrió su boca como era de esperarse: "Una dice que el niño vivo es de ella y la otra también. Pártanse ambos niños por la mitad, el vivo y el muerto y dese ambas mitades a cada una." La amargada ladrona que acababa de ver morir a su verdadero hijo no cuestionó la decisión del supremo líder, de hecho la alabó de forma obsecuente, "no sea ni para ella ni para mí", dijo. La verdadera madre hizo lo que el rey sabía que haría, se arrodilló y suplicó que no mataran al bebé, que se lo dieran vivo y entero a la otra mujer (lo cual la exponía casi seguramente a la pena de muerte por replicar al veredicto del amo único y absoluto de la nación). Así que el rey dijo: "Esta es la verdadera madre, denle el niño." Y por eso ahora existe la palabra salomónico como sinónimo de sabio, de todos los reyes sabios de la antigüedad fue el que se ganó semejante distinción perpetua, por haber hecho justicia donde tu amigo abogado te dijo que era imposible, un juicio sin pruebas ni testigos, el cual de paso era una pelea de un par de mujerzuelas por un pobre hijo de puta (literalmente), una causa fácilmente desestimable.

Quien tiene un porqué siempre encontrará un cómo.

Hay una fábula que enseña que no existen las causas perdidas: Es la de un buen hombre víctima de un complot de sus adversarios envidiosos, lograron llevarlo a juicio y para matarlo, después de esparcir calumnias en su contra, dijeron al pueblo que sería Dios quien daría el veredicto y, como Dios gobierna en todo lo que llamamos azar o casualidad (como las millones de explosiones de estrellas cuyos residuos de materia expelida colisionó creando lo que hoy llamamos Sistema Solar, el hogar de nuestra Tierra, porque nada ocurre por accidente y Dios trabaja con pinzas muy precisas), procedieron a escribir dos veredictos, se supone que uno diría culpable y el otro inocente para que Dios eligiera, pero como cualquier casino que se respete las cartas estaban marcadas, los dados trucados y la ruleta tenía un electroimán por debajo, pero con o sin azar Dios sigue siendo quien decide, la malicia de las calumnias dejaron entrever lo viciado del proceso, cuando le acercaron los dos sobres al acusado hizo lo mismo que había escuchado que hacía el rey Salomón cuando no tenía respuesta: acalló su mente y desoyó (del verbo desoír no de desollar) las palabras de sus enemigos que lo presionaban para que decidiera, el recuerdo de sus calumnias, las lágrimas de su familia y todo lo que pudiera ir hacia su mente en aquel momento, los miedos, las angustias, las preocupaciones... el deseo de obtener una respuesta era más grande que todo aquello, y sabía que para poder escuchar hay que guardar silencio, en especial a los susurros del corazón que es donde según Jesucristo se encuentra el Reino de Dios. Y la respuesta apareció, tomo uno de los dos sobres y mientras sus acusadores sonreían satisfechos lo metió en su boca, lo mascó con voracidad y se lo trago antes de que pudieran hacer otra cosa que tan sólo trocar la expresión facial satisfecha en confusión. Les dijo: me acabo de comer mi veredicto pero, cuando lean el otro sobre, sabrán cuál de los dos escogí.

2| LA REPRESIÓN DE LA IRA

La ira es un personaje muy desprestigiado en nuestra sociedad, es hasta considerada uno de los siete pecados capitales, y no soy quien para decir que no lo sea, sólo me hago esta pregunta ¿por qué existe? ¿Por qué tras varios millones de años de evolución humana sigue allí? Es lo mismo que suelo hacer con todo lo que no me gusta de mí, hace mucho perdí la osadía de reprimirlo, prefiero preguntarme de dónde viene, así será más fácil encontrar la forma de sacarlo por completo en lugar de encerrarlo en el sótano y esperar a que se escape en el momento menos oportuno haciendo un desastre.

El miedo, la ira, la envidia, el llanto… todas esas cosas tan sumamente feas y que antes pensaba que no podía permitirme que estuvieran en mí, en algún punto dejé de juzgarlas y juzgarme para simplemente estudiarlas. El llanto y los gritos son conductas sobreaprendidas, antes de aprender a hablar ya sabíamos gritar y llorar cuando no teníamos lo que necesitábamos o deseábamos, así que no tiene nada de raro que antes de hablar se nos ocurra gritar o llorar.

Parte de evaluar el origen de ciertos comportamientos lleva a observar la forma en que nos alimentamos; un estudio de 2017 alimentó ratones de laboratorio con flora bacteriana del intestino de personas con depresión, ¿el resultado? Que los ratones comenzaron a experimentar ansiedad y síntomas similares a la depresión, así de grande es la influencia de lo que tenemos en el intestino. Y la flora intestinal es susceptible de modificarse de acuerdo a lo que comemos; hay bacterias en nuestro intestino especializadas en descomponer grasas, otras descomponen proteínas y otras carbohidratos, las cuales se multiplican o disminuyen en la misma proporción del tipo de alimentos que llegan al intestino; por ejemplo, con una dieta alta en grasas y pobre en carbohidratos, las bacterias especializadas en ayudarnos a digerir las grasas irán creciendo en número y decrecerá la población de las que descomponen los carbohidratos, pero esto no termina allí, sino que es un ciclo que se retroalimenta, porque al aumentar las bacterias de la grasa y disminuir las de los carbohidratos en nuestro intestino, éste enviará señales a nuestro cerebro aumentando el deseo de comer alimentos grasosos y disminuyendo la inclinación por los carbohidratos. No hay que perder de vista tampoco que muchos parásitos suelen modificar la conducta de sus portadores, por ejemplo los gusanos gordiáceos que necesitan agua para reproducirse mientras que los grillos que los hospedan prefieren vivir en tierra seca, así que cuando ya es suficientemente grande para reproducirse el parásito elabora proteínas que alteran la capacidad de orientación del grillo haciéndolo saltar de forma errática, moviéndolo cerca del agua y eventualmente saltando hacia ella lo que lo mata y permite al parásito salir a reproducirse dentro del agua. Asimismo el virus de la rabia incrementa la agresividad y la producción de saliva portadora del virus lo cual permite mediante la mordida contagiarse a un nuevo portador. El ophiocordyceps es otro caso de modificación de la conducta de su hospedador, este parásito infecta a las hormigas tropicales que normalmente habitan en las ramas altas de los árboles causándoles convulsiones que las hacen caer al suelo y vagar confundidas hasta un lugar propicio para la reproducción del parásito, donde la hormiga se estaciona hasta que finalmente el parásito la mata y esparce sus esporas en el aire que eventualmente llegará a otras hormigas en las que pueda reiniciar su ciclo de vida. Si bien no encontré un parásito que se haya demostrado modifique la conducta humana, no los hace menos sospechosos la forma en que se comportan en otros animales.

Los neurocientíficos han descubierto que la razón por la que algunos pacientes oncológicos continúan teniendo depresión a pesar de habérseles notificado que están completamente sanos del cáncer, es porque el tratamiento que frenó la aparición de nuevas células cancerosas también detuvo la creación de nuevas neuronas especialmente en la zona del hipocampo encargado del estado de ánimo y la memoria (y sí, una persona adulta sigue creando nuevas neuronas según descubrimientos recientes), por lo que tomará un tiempo para que recuperen la habilidad de crear nuevas neuronas que les permitan mejorar su estado de ánimo. Y, si es posible frenar la producción de neuronas, ¿podríamos también intervenir para estimular la neurogénesis? Sí. Entonces ¿qué actividades fomentan la producción de nuevas neuronas? El sexo, aprender cosas nuevas, dormir bien, reír, hacer ejercicio, el optimismo y el ayuno. Estudios llevados a cabo en los últimos años por funcionarios del Instituto Nacional de Salud de los Estados Unidos, han encontrado que ayunar dos veces por semana genera un enorme beneficio tanto a nivel físico como mental. Cada vez que comemos, la energía se almacena en el hígado en forma de glucógeno y toma entre diez y doce horas agotar esas reservas, lo cual nunca sucede con una dieta de tres comidas diarias, a menos que hagas mucho ejercicio. Una vez que se agotan las reservas de glucógeno del hígado, el cuerpo comienza a quemar grasas y, mejor aún, da inicio la producción de cetonas que proporcionan combustible alternativo para las neuronas lo cual aumenta el nivel de energía de estas. El ayuno también incrementa la producción en el cerebro de factores neurotróficos (FCF y FNDC) que son unas proteínas que propician el crecimiento neuronal, mejoran las conexiones de las neuronas y la formación y fortalecimiento de la sinapsis, además de fomentar la producción de nuevas neuronas a partir de células madre, al menos en el hipocampo (sin descartar otras zonas en las que también pueda estar estimulando la neurogénesis, que aún no se hayan descubierto). El ayuno es un estrés energético leve y las neuronas responden de forma adaptativa incrementando su cantidad de mitocondrias lo que ayuda a producir más energía, un mecanismo muy similar al que aumenta el número de mitocondrias en los músculos cuando hacemos ejercicio físico regularmente. Aumentando las mitocondrias en el cerebro se incrementa la capacidad neuronal para formar y mantener las sinapsis, ello eleva la capacidad de aprendizaje y la memoria. Además de los crecientes factores neurotróficos y el aumento de la bioenergética neuronal, el ayuno intermitente mejora la capacidad de las células nerviosas para reparar el ADN.

Y ¿qué hay de la forma como dormimos? Un experimento llevado a cabo en 2003 en voluntarios adultos sanos, demostró el detrimento intelectual que ocasiona la privación del sueño en personas sanas. Se evaluaron cuatro grupos de individuos: unos que iban a dormir sólo 4 horas, otros 6 y otros 8 horas (sin siestas adicionales) durante 14 días, mientras que el cuarto grupo iba a privarse por completo del sueño durante 3 días. Se evaluó el desempeño intelectual de cada participante antes, durante y después del proceso. El resultado como era de esperarse fue una reducción considerable de las facultades de aprendizaje, memoria y resolución de problemas de los que no durmieron; lo sorprendente fue que después de los 14 días aquellos que durmieron sólo 6 horas tuvieron una disminución de sus habilidades mentales en la misma proporción que quienes no durmieron nada durante 3 días seguidos, por lo que se concluye que tener un hábito del sueño de sólo 6 horas (algo muy común) es tan perjudicial como no dormir nada en absoluto. Y en cuanto a los que durmieron apenas 4 horas, su rendimiento intelectual bajó igual que los que no durmieron, sólo que los alcanzaron días antes que quienes durmieron 6 horas. Así que dormir no es un lujo ni un acto de pereza sino una necesidad fundamental. Todo adulto necesita dormir 8 horas diarias y los niños más horas aún, las cuales se incrementan entre menor sea su edad. Y si el intelecto no es lo tuyo, los testículos de los hombres que duermen sólo 5 horas son notablemente más pequeños que los de quienes duermen 7 horas o más, y la producción de testosterona en los que duermen 5 horas es equivalente a la de alguien diez años más viejo; y en mujeres también hay una disminución de la salud reproductiva en esa misma proporción. Pero si el sexo tampoco es lo tuyo, resulta que los niveles de células inmunes caen en un 70% con tan solo una noche de menos de 4 horas de sueño, eso es un caso de inmunodeficiencia, y nadie quiere multiplicar sus oportunidades de estar enfermo.

Durante el sueño es el único momento que el cuerpo limpia los desechos de las células del cerebro (en especial el beta-amiloide cuya acumulación en las neuronas está asociada al mal de Alzheimer); mientras dormimos, y más aún durante la etapa del sueño profundo en el que las ondas cerebrales modifican su frecuencia y amplitud al máximo pasando a ondas tipo delta, es cuando las neuronas se contraen permitiendo al líquido cefalorraquídeo circular libremente entre ellas para eliminar todos los residuos producidos por las neuronas, sólo el líquido cefalorraquídeo puede desempeñar esta actividad depurativa en el cerebro puesto que el sistema linfático (que la realiza en el resto del cuerpo) no tiene presencia alguna en esta zona. El sueño se divide en ciclos de 90 minutos aproximadamente, que a su vez están divididos en tres partes: sueño ligero, sueño profundo y sueño REM (que debe su nombre a las siglas en inglés de Rápido Movimiento Ocular producto del acto de soñar que ocurre sólo en esta fase), y se considera que un hábito saludable de sueño en un adulto debe incluir cinco ciclos completos (alrededor de siete horas y media) y en los niños seis o siete ciclos, más ciclos entre menor sea su edad; los cuales no necesariamente tienen que ser sucesivos, pero no deben interrumpirse antes de llegar a la fase final, la REM, porque al detener el sueño antes de finalizar un ciclo completo (de alrededor de noventa minutos) menoscaba los beneficios de ese último ciclo interrumpido.

Por su parte el largo proceso de refinamiento evolutivo, que tras miles de años nos convirtió de cavernícolas a hipsters, otakus, reguetoneros, metrosexuales y demás subculturas actuales, conllevó la adopción de ciertos elementos que nos permitieron sobrevivir junto con el apenas uno por ciento de todas las especies que han existido sobre la Tierra cuyo noventa y nueve por ciento yace extinto bajo el suelo que pisamos. Estos elementos fueron no solo competitivos sino también sociales, nuestros antepasados evolucionaron en la competencia por una pareja sexual, por los recursos naturales, por el hábitat, etc. Y los vencedores de esa lucha se pudieron reproducir y pasar sus genes (es decir, su información biológica y psicológica) a la siguiente generación. Pero no sólo evolucionamos en función de la competencia sino de un comportamiento muchísimo más valioso en términos de la supervivencia: la socialización. El que era capaz de convivir con otros humanos de forma cooperativa, multiplicaba sus probabilidades de sobrevivir y pasar sus genes a la siguiente generación.

Fue como a pesar de ser opuestos, desarrollamos en nuestra naturaleza tanto valores competitivos como valores sociales. Competitivos: la agresividad, los celos, el orgullo, la envidia, etc. Sociales: el carisma, la compasión, la generosidad, el respeto, la sinceridad, la justicia, etc. Y ¿qué podemos hacer después de tener durante miles de años estos comportamientos moldeando nuestros cerebros para ejecutarlos? ¿Reprimirlos? Grave error. Lo mejor es canalizar toda esa conducta hacia algo constructivo, si siento envidia, en lugar de hacerle daño a la persona que envidio (lo cual es moralmente vil y despreciable), puedo intentar mejorarme a mí mismo en aquello que esa persona me supera o, mejor aún, entender que carecer de ciertas aptitudes no es ser inferior.

¿Es inferior un oso perezoso a un tiranosaurio rex? El tiranosaurio es más fuerte, rápido, temible y… extinto. Por su parte el oso perezoso con su mucho dormir, poco comer y llamar poco la atención de los depredadores, se encuentra millones de años más acreditado por la universidad de la selección natural. Pocos, al ver su humilde apariencia, sospecharían que es todo un campeón, que es el ser más eficiente en consumo de energía, si fuese un celular duraría días con una sola carga y en lugar de cargarse con electricidad lo haría con el calor de las axilas de su dueño, si fuese un avión le daría la vuelta al mundo varias veces antes de tener que aterrizar para volver a llenar el tanque que no utilizaría combustible de turbinas sino desechos orgánicos. En apariencia es un ser lento, en su interior es una maravilla de la eficiencia, una de las muchas sorpresas que nos regala la naturaleza permitiéndonos ver que no sólo la fuerza, la velocidad y la inteligencia son indicios de evolución y sabiduría biológica.

La próxima vez que te sientas inferior a alguien piensa que ambos llegaron hasta aquí porque ambos están igualmente calificados por la naturaleza para estarlo y hasta el momento nadie es mejor que el otro. ¿La otra persona es más bella físicamente? Eso también la puede estar haciendo arrogante y vanidosa, lo cual no ayuda para nada en función de su integración social. ¿La otra persona es más fuerte o más inteligente que yo? Es más fácil ser humilde cuando se tiene menos y el humilde siempre es mejor aceptado. Esto es apenas la punta del iceberg sobre las ventajas que podría tener sobre una persona que sea más bella, inteligente, o fuerte que yo, no estoy mencionando aquellas otras ventajas que escapan a mi conocimiento actual pero que no por eso dejan de existir. Lo cierto es que ambos han pasado el filtro de la evolución así que cada uno tiene lo suyo.

¿Quién es más evolucionado entre un pitbull y un chihuahua? Un pitbull es muy fuerte, no le busques pelea; pero un chihuahua consume mucho menos alimento así que no lo retes a superar una hambruna, porque el pitbull moriría muchos días antes que el chihuahua comenzara a sentirse mal por no comer.

Y en cuanto a la ira, es un elemento que nos activa a transformar el entorno cuando es molesto, así que nos tornamos agresivos y enérgicos; cuando no podamos modificar de forma inmediata eso que tanto nos enoja, es mejor optar por descargar esa agresividad en una actividad física vigorosa, porque no es nada conveniente volcarla contra nuestros compañeros de vida, pero mucho más nocivo es reprimirla, es el sumo pecado que puede desembocar en enfermedades psicosomáticas, incluso en depresión y hasta autoagresión.

La ira es muy nociva reprimida pero muy benéfica cuando es debidamente canalizada, y esta es la palabra clave de todo este capítulo: Canalizar. No reprimir. Si canalizamos ese enojo hacia un objetivo productivo (como el ejemplo hace un momento de la actividad física vigorosa), nos liberamos de él y le obsequiamos a nuestro cuerpo los efectos favorables del ejercicio.

La culpa es otra autoinvitada poco deseable pero casi siempre presente en esta reunión de la depresión, ¿qué podemos hacer con ella? Ya sabes: Canalizarla. Nada ganas y nada gana el planeta con que te sientas mal, pero sí ganamos todos si conviertes la culpa en una energía reparadora: ¿heriste? Sana ¿robaste? Da ¿dañaste? Construye, sólo así servirá de algo la culpa, con sentirte mal no resuelves nada y empeoras todo. Hay personas que piensan que su falta es demasiado grave y deben cargar con su peso por el resto de sus vidas, el peso de algo irreparable como un asesinato o un aborto; con sentirte mal no vas a devolverle la vida a nadie, pero puedes tomar ese pesar (que demuestra que tienes la dicha de que haya bondad en ti y por eso te afecta haber hecho mal), y convertir ese malestar en la energía para moverte hacia actividades que eviten a otros errar igual que tú. Ya conoces lo que te llevó a actuar de ese modo en ese momento, así que tienes una idea de las motivaciones que pueden llevar dentro las personas en circunstancias similares. Si cometiste un aborto y te sientes mal por haber terminado con una vida que estaba a tu cargo para cuidar y desarrollar, puedes usar tu experiencia para alertar a otras mujeres de no caer en el mismo error, así servirá para algo verdaderamente bueno ese sentimiento de culpabilidad, usar tu testimonio y experiencia para asistir y disuadir a otras mujeres que piensan transitar ese proceso del que tanto te arrepientes. Cuando comiences a salvar vidas de niños por nacer y a evitarle a otras mujeres sufrir el trauma por el que pasaste, habrás canalizado la culpa hacia lo único bueno que se puede hacer con ella: reparar. Es así que la culpa puede convertirse en una gigantesca fuerza constructiva, dándote una motivación a hacer el bien que de otro modo no tendrías.

Cuando Jesús fue interrogado por una turba que quería apedrear a una mujer adúltera, permaneció en silencio escribiendo en la arena antes de responderles, ¿qué escribió? Nadie lo supo. La arena no lo pudo conservar, al igual que el pecado de la mujer y aún su nombre fueron borrados en el tiempo. Lo único que quedó fueron las dos enseñanzas de Jesús: "vete en paz" porque fuiste perdonada, "y no peques más" porque una pequeña acción puede generar un gran cambio, como una pequeña bola de nieve que cae desde lo alto de una montaña sumando consecuencias hasta ser una avalancha, como un efecto dominó que una a una crea una larga fila de piezas caídas por tan solo haber empujado una de ellas. Jesús la liberó de la culpa de su pasado pero no de la responsabilidad de su futuro. Y a la multitud le enseñó "el que esté libre de pecado que tire la primera piedra", porque creer en el perdón es creer en el poder de Dios para arreglar todo lo que hicimos mal. No podemos cambiar el pasado pero sí el futuro. El remordimiento y el rencor no arreglan nada del pasado y en cambio dañan muchas cosas de lo único que podemos cambiar, el presente y el futuro, que serán tanto mejores en cuanto menos dispuestos estemos a rumiar los malos sabores del ayer. Solemos fijar el recuerdo de lo malo, lo desagradable, lo que nos hizo daño, no porque seamos pesimistas o porque queramos recordarlo sino porque son los mecanismos de supervivencia naturales que automáticamente colocan todo lo malo y todo lo que nos hace peligrar en el primer lugar de nuestra memoria para que nos cuidemos de ello más fácilmente. Así que la meta no es olvidar sino asimilar, no dejar que un trauma se convierta en una fobia, en un miedo irracional, no dejar que la experiencia de un mal amigo se convierta en misantropía, que una mala pareja te transforme en una persona alérgica al amor, que un fracaso te deje en un estado de minusvalía vocacional. No se trata de olvidar ni de superar de inmediato el dolor, se trata de concienciarlo y procesarlo como lo que fue, una sola experiencia o varias, pero no fue todas las experiencias, te ocurrió una vez y en unas circunstancias particulares y con unas personas específicas, entonces no metas allí a todas las demás personas, circunstancias y momentos que no tuvieron nada que ver con esas malas experiencias aisladas.

3 | LA EVOLUCIÓN

Cuando era niño una maestra nos habló por primera vez de la evolución haciendo referencia simplemente al hecho de que lo que no se usa se atrofia, en aquel entonces esa afirmación hacía lucir a la evolución como el malo de la película, el asesino en serie asechando partes de mi cuerpo para eliminarlas, era una amenaza a mi integridad. En mi mente infantil y mi deseo natural de preservar mi vida, sólo había una reacción posible a aquella realidad: debía supervisar el uso de hasta la más insignificante parte de mi cuerpo para evitar el desastre de perderla producto de la "cruel" evolución.

No sabía que entre más elementos mueren en un cuerpo más elementos podrán evolucionar, porque la energía liberada de lo inútil se redirigirá hacia lo útil, la energía que desperdicié en lo que hacía torpemente y murió, se redirigirá ahora hacia lo que hago hábilmente para potenciarlo en mayor medida y, mucho más importante que lo que hago hábilmente es aquello que hago apasionadamente, cuya pasión no se extingue ni siquiera por la peste negra de la depresión, eso que sobrevive a la depresión es mi fuerza, mi talento, mi recurso más valioso, el tesoro que más debo cuidar y mi razón de ser, aquello que vine a dejar a la humanidad.

Mi problema era el concepto generalizado que existe sobre la pérdida, del cual yo no era una excepción. Los seres humanos somos ganadores, el noventa y nueve por ciento de especies de seres vivos que han respirado el mismo aire y bebido la misma agua que nosotros ya no existen, yacen extintos víctimas lastimeras de la evolución en nuestros museos y libros de paleontología; tal vez el caso más famoso sea el de los dinosaurios, millones de especies de estos magníficos animales no pasaron a la siguiente generación. El ser humano no sólo pertenece a esta exclusiva élite del 1% de sobrevivientes sino que es el amo y señor de todos, la especie más poderosa de toda la Tierra. La distancia que nos separa del resto de seres vivos es abismal pero no voy a redundar más en esto, a donde quiero llegar es al hecho de que entre esa élite de la élite evolutiva a la que pertenecemos los seres humanos, todavía debemos ser incluidos en un más selecto grupo: los descendientes de los humanos que se siguieron reproduciendo. Los neandertales eran humanos pero se extinguieron, hay una interesante teoría acerca de ello que quiero compartir en estas líneas: Nuestros antepasados homo-sapiens eran conocidos por sus obras de arte prehistóricas las cuales aún pueden verse talladas en piedra, pequeños dibujos y pinturas, humilde expresión libre de su pensar y sentir, sin ninguna utilidad práctica (al menos eso parecía). Los neandertales por otra parte eran lo opuesto a nuestros queridos abuelitos, mientras los nuestros eran soñadores creativos y expresivos, el neandertal era un frío y calculador empresario de la caza y la pesca, centrado en sus estadísticas e indicadores numéricos (metafóricamente hablando), considerando una pérdida de tiempo todo aquello que se distanciara mínimamente de su productividad, toda su vida cotidiana emanaba de la premisa: "Si no me da de comer no merece mi energía". Y era una idea perfectamente respetable, si voy a invertir energía, más vale que sea en algo que me devuelva la energía gastada. Eran eficientes y productivos, serios profesionales de la caza, incapaces de distraerse y desperdiciar tiempo y energía (en actividades innecesarias como el arte o la espiritualidad), controlados, fuertes, disciplinados… el futuro de alguien así siempre es prometedor porque, después de todo, cuando eres tan eficaz ¿qué podría salir mal? Pero habría de acontecer un escollo sobrevenido de la arbitraria voluntad del destino, un extraño y anormal obstáculo inesperado, un cambio en las reglas del juego de la vida en el que el neandertal iba ganando por goleada, un golpe (como nos da a veces la vida) justo en el punto más débil, ¿por qué no golpea en otro sitio donde yo tenga mejores defensas? ¿Por qué la vida no me hace el examen sobre las preguntas que tanto he estudiado y me sé? ¿Por qué ese afán de sacarme de mis límites? ¿Qué clase de crueldad es esa? Hay muchas preguntas que surgen cuando caes derrotado a pesar de haber sido un campeón por tanto tiempo. No tiene sentido cuestionar al universo, él no tiene nada que demostrarme, soy yo quien debe decidir si quedarme en el 99% de los seres vivos extintos o aferrarme con todo lo que tengo al 1%. Al final la existencia no se trata de mí solamente; el planeta Tierra visto desde Plutón es más pequeño que un grano de arena, y dentro de ese grano de arena, que es prácticamente nada en el universo infinito, hay otra minúscula partícula (entre siete mil millones más de primates que hablan, reflexionan y se hacen preguntas), que debe decidir si seguir o no. Soy muy pequeño en el espacio ¿y qué tal en el tiempo? El universo tiene 14 mil millones de años de antigüedad ¿cuál es tu edad? Pinta un grano de arroz con tu color favorito, mézclalo con 14 mil millones de granos más y trata de encontrar el tuyo. Si piensas en eso ya nunca vas a volver a considerarte una persona vieja. No obstante la pequeñez de cada uno de nosotros, el poder verdadero no es una cuestión de tiempo ni de espacio, el ser humano no es el animal más grande (las ballenas pueden medir 30 metros y pesar 150 toneladas), ni el más longevo (las almejas y esponjas marinas pueden vivir miles de años), pero sí es el más poderoso, y un solo ser humano puede tener un gran efecto en el mundo, para bien o para mal; para mal Hitler, Stalin, Mao, Marx, Pol Pot, Hugo Chávez, etcétera; para bien Gandhi, Einstein, Pasteur, Ignaz Semmelweis, Teresa de Calcuta, Abraham Lincoln, Richard Stallman, etcétera. En el gran cuerpo de la humanidad ha habido y hay células malignas y células benignas, y aún los malos han contribuido a la evolución de la humanidad, enseñándonos lo que nos conviene evitar. Todas las vidas valen, y aún aquellas que realizan actividades aparentemente sin importancia (como el arte) pueden estar contribuyendo de manera decisiva a la evolución de la especie y la sociedad; porque fue el arte el que moldeó el cerebro de nuestros ancestros hacia el pensamiento creativo, el recurso más escaso de los neandertales; fue gracias a la creatividad que nuestros antepasados se adaptaron rápidamente a las nuevas reglas del juego de la vida, mientras que los neandertales que sólo conocían un modo fijo de vivir no pudieron ser (como la palmera) flexibles a los vientos huracanados de este mundo, y debido a ello la vida los fracturó y desapareció. Cada actividad que llevamos a cabo moldea la forma en que trabaja nuestro cerebro, al igual que el tipo de ejercicio físico que realizamos moldea nuestros músculos; y de todos los ejercicios que podemos regalarle a nuestra mente, el mejor es tocar un instrumento musical. Según un estudio realizado mediante escáner cerebral durante distintos tipos de actividades, la única que activó la totalidad del cerebro fue tocar un instrumento musical, algo que ni siquiera otros tipos de arte como la pintura o escultura lograron.

Absolutamente todos los que estamos aquí somos descendientes de sobrevivientes y ganadores de miles de generaciones anteriores a nosotros en la especie humana, está en nuestro ADN, en nuestra memoria genética el ganar. Por eso el perder nos deprime (si encima le sumamos años de condicionamiento del sistema educativo dirigido a formar mano de obra calificada y no personas felices, aunque una persona feliz es la más calificada de las manos de obra); no queremos perder, no sabemos perder, estamos diseñados a partir de material ganador para ganar, cualquier resultado distinto nos descoloca y nos hiere psicológicamente, pero nunca hay que perder de vista que la diferencia entre alguien fracasado y exitoso es un solo éxito, un sólo éxito tiene el poder mágico de borrar todos aquellos fracasos que le antecedieron, un sólo éxito puede borrar hasta un millón de fracasos y es por eso que la suerte favorece a los valientes, a los que desechan el miedo a fracasar y se lanzan al vacío porque saben que antes de fracasar un millón de veces van a triunfar esa sola vez que necesitan. Por lo tanto la persistencia es la clave del éxito, caer mil veces y levantarse mil una. No son sólo palabras, muchos personajes célebres, inmensamente exitosos, fueron grandes fracasados durante mucho tiempo hasta que la persistencia les permitió intentarlo esa sola vez más que hacía falta para alcanzar ese solo éxito que borraría todo lo que hicieron mal y les daría el tan ansiado triunfo:

Como le sucedió a un campesino con apenas educación elemental al que no le gustaba trabajar en la granja de sus padres y un día vio pasar un automóvil que lo sedujo, quería aprender a construir algo así. Fue como Henry Ford se encaminó a una vocación, desde los puestos más bajos en la industria hasta poder estrenarse como director de su primera compañía, la cual… se fue a la quiebra. Pero no importaría, porque volvería a intentarlo y ahora sí… lo degradaron de director y renunció, porque los accionistas ya no confiaban en él. Así que lo intentó de nuevo, fundó otra compañía porque eso era lo que amaba hacer. Si se hubiera rendido no se habría convertido en el padre de las líneas de montaje, las cuales aún hoy más de un siglo después son la forma en que todas las industrias (no sólo la automotriz) trabajan, tampoco se habría convertido en uno de los hombres más ricos del mundo; pero cuando amas realmente lo que haces es imposible rendirse, sin importar lo mal que te vaya.

Walt Disney fracasó muchas veces como empresario, fue explotado, estafado, sus ideas robadas y varias veces se fue a la quiebra; hasta que dibujó un ratoncito, que tuvo como mascota y había perdido, ése dolor de la pérdida de su amigo lo llevó en un gesto de amor a dibujarlo y junto con la resurrección de su amada mascota en la persona de Mickey Mouse llegó el éxito que borró todos los fracasos, todas las quiebras, aquella vez que junto a su ratón tuvo que sacar su comida de un contenedor de basura porque no tenía nada, y todos los momentos amargos, humillantes y dolorosos que pasó; ese amor que revivió a Mickey en forma de caricatura fue la razón por la que tan frecuentemente en sus películas un beso de amor podía romper todos los maleficios y vencer hasta a la misma muerte trayendo de vuelta a la princesa. Mickey le enseñó a Walt que el amor nunca muere.

Sylvester Stallone fue el actor mejor pagado de Hollywood durante mucho tiempo, pero antes de eso vivió en una inmensa pobreza, era tan pobre que tuvo que vender a su amado perro en 25 dólares porque no lo podía alimentar (y confiesa que ese día fue uno de los peores de su vida, entre lágrimas abandonó el lugar donde lo vendió); en medio de esa pobreza una noche mirando una pelea de Muhammad Ali se inspiró a escribir la película Rocky (pero no fue Ali quien lo inspiró sino el perdedor, Chuck Wepner, un boxeador de 37 años cercano a su retiro, que llegó a esa pelea con un pésimo record y para sorpresa de todos logró soportar 15 rounds y más aún, convertirse en el segundo hombre que completaba la hazaña de tumbar al suelo al mejor boxeador de todos los tiempos en su mejor momento, demostrando que la conducta heroica vale mucho más que el resultado decretado por un referee, por eso el gran aclamado por la audiencia esa noche y el que dio origen a Rocky Balboa no fue Ali sino Wepner, obteniendo una victoria moral más que merecida), apenas le tomó a Stallone unas veinte horas consecutivas a partir de esa misma noche para escribir completo el guion; y luego ¡a buscar quien lo compre! Montones de puertas cerradas, algunos pocos interesados, pero él tenía una condición muy particular al vender el guion: debía ser el protagonista. Él creyó en su propio guion, no puedes esperar que otros crean en ti si no estás dispuesto a tener fe en ti mismo tú primero. Finalmente, tocando puertas cerradas sin parar, hubo una sola que se abrió y fue suficiente, era la que menos dinero le ofrecía (apenas treinta y cinco mil dólares) por el guion pero le permitía protagonizar, por lo que fue la oferta que aceptó. Antes de llegar a la tan ansiada venta, el tiempo mientras conseguía un comprador siguió transcurriendo en la pobreza absoluta, hubo uno de los interesados que le ofreció hasta trescientos cincuenta mil dólares pero sin el rol protagónico, Stallone pudo haber ido tras el dinero, pero pensó que si la película tenía un gran éxito se iba a sentir mal por renunciar a actuar en ella, de todas formas ya se había acostumbrado a sobrellevar la pobreza así que podría aguantar un tiempo más mientras perseguía su sueño. La película ganó tres premios Oscar, incluyendo el de mejor película (y Stallone logró ser su protagonista como soñó), luego de eso, un éxito detrás de otro coronó una de las carreras más brillantes en la industria del cine, después de lo cual Stallone confesaría que la vida se trata de que los sueños se pueden hacer realidad. Y por supuesto recuperó a su perro aunque para tenerlo de vuelta tuvo que pagar quince mil dólares (al mismo hombre que se lo había comprado en veinticinco), pero dijo que con gusto hubiera pagado mucho más por él. El perro actuó en todas las películas de Stallone hasta su muerte por un infarto cinco años más tarde.

Stallone creyó en sí mismo pero ¿qué le sucede a los que no creen, a los que se autoperciben como un fraude? Stephen King, el rey de las novelas de terror, estaba frustrado con su primera novela así que la tiró a la basura; por suerte su esposa la encontró, la leyó y le gustó, así que lo convenció de continuar. Ella estaba en lo correcto y le dan la razón más de trescientos cincuenta millones de copias vendidas, que hubieran sido cero si King no hubiese tenido una compañera de vida que le devolviera la fe en sí mismo que él no fue capaz de mantener.

Pero ¿cuándo es pertinente tener fe en tu trabajo? Eso lo puede responder Evan Henshaw-Plath, a quien muy probablemente no conozcas pero sin duda conocerás la red social de la que es coautor: Twitter. Año 2004, la empresa donde Evan era jefe de tecnología (CTO) se llamaba Odeo, su bebé era una plataforma de podcasts y radio por internet. La empresa era apenas una start up sin siquiera una oficina, así que creyeron que Apple podría ser el aliado perfecto para desarrollar su proyecto, por lo que fueron a solicitar su apoyo. ¡Mal calculado! Unos meses después que ingenuamente le mostraran el proyecto a Apple, ellos crearon su propio sistema de podcasting dentro de iTunes, pero sin involucrar a Odeo. Pese a que su plataforma recibió excelentes críticas, no tenía capacidad para competir con un gigante como Apple, así que la única forma de salvar a la compañía era reenfocarla. Organizaron entonces un maratón de desarrollo del cual surgieron casi medio centenar de ideas, una de las cuales fue Twitter. En el año 2006 Twitter tenía una intensa lucha interna sobre el destino de la red social y apenas 150 usuarios (incluidos todos los trabajadores de la empresa), el ambiente era muy tenso, fue el momento cuando Henshaw-Plath vendió su parte de Twitter en siete mil doscientos dólares, un paquete de acciones que hoy vale varios miles de millones de dólares. Perder la fe puede costar muy caro. Con esos siete mil doscientos dólares de la venta se compró un carrito viejo para irse de vacaciones en él; se pudo haber pagado miles de vacaciones y toda una vida de descanso y diversión si hubiese hecho igual que Sylvester Stallone que prefirió seguir creyendo pese a que la necesidad lo asediaba. Hoy es claramente un gran error haber vendido, pero en ese momento no lo era, había muchas peleas y la empresa tardó mucho tiempo en despegar, de hecho Henshaw-Plath reconoce que, mientras muchísimas otras aplicaciones como Foursquare (para encontrar lugares de diversión) parecían marchar al éxito y al final no quedaron en nada, fue un auténtico milagro que Twitter haya triunfado.

A pesar de haberse hartado y vendido sus acciones

de Twitter, Evan Henshaw-Plath recuerda: "Era apasionante trabajar con personas tan diferentes creando algo nuevo. Nuestro fuerte era precisamente la diversidad del personal. De los doce empleados de Odeo, sólo dos tenían un título universitario y los despedimos porque les faltaba frescura y apertura de mente (...) a muchas empresas les falta esa misma apertura de mente. Están demasiado preocupadas en los títulos universitarios de la gente, cuando en verdad el único modo de ser creativo es formar equipos multidisciplinares. Silicon Valley es grande no porque haya allí muchas empresas tecnológicas, ni porque tenga buenas universidades, ni siquiera porque concentre muchos fondos de capital de riesgo. Lo que hace grande y único a Silicon Valley es la mezcla de culturas, de edades y de procedencias, la mezcla de tecnología, arte, música, experiencias… Sólo de la diversidad puede nacer la innovación".

También quiero incluir aquí la historia de un niño nacido en una familia sumamente pobre por lo que tuvo que trabajar desde su infancia en lugar de estudiar, su madre murió siendo pequeño así que la vida no prometía nada para alguien así, creció para convertirse en un pobre empleado de una tienda de comestibles, sin dinero ni educación, que por cincuenta centavos compró varios objetos sobrantes de una casa desecha y encontró en el fondo de un barril unos libros viejos de derecho que por alguna extraña razón quiso estudiar, así fue como Abraham Lincoln inició su carrera como abogado (de manera autodidacta) y continuaría con una incursión en la política repetidamente fracasada; perdió en casi todas las elecciones a las que se postuló y estuvo seis meses en cama por depresión y un colapso nervioso después de la muerte de su esposa, un perfecto fracasado. La política no era lo suyo, así que después de su primera derrota electoral decidió montar un negocio, pero se fue a la quiebra, ¿mala suerte? Si hubiera tenido éxito en ese negocio jamás habría sido presidente de los Estados Unidos, fundador del partido republicano, el hombre que abolió la esclavitud y reunificó la nación sumida en una guerra civil, cuyo celebrado ejemplo de liderazgo, bondad y sabiduría ha perdurado por generaciones e inspirado a muchos de los mejores líderes de la humanidad después de él. Luego de fracasar en su negocio decidió volver a la política para seguir sufriendo una derrota tras otra. Once veces postulado, nueve veces derrotado, en varias elecciones a diferentes cargos; gracias a la última derrota se dio a conocer ampliamente y recibió un gran apoyo para la que sería la única victoria necesaria que borraría todos los fracasos previos. Nadie lo recuerda como el nueve veces perdedor en once elecciones, sino como el presidente número dieciséis de los Estados Unidos de Norteamérica (considerado uno de los mejores).

Son innumerables los casos de grandes éxitos después de una pila enorme de fracasos, me limito a enumerar estos pocos porque sé que tú que me lees descubrirás muchos más por tu cuenta; seguramente te sentirás identificado con varios de ellos, y cada uno irá obsequiando a tu mente las armas con las que derrotó la adversidad, la infelicidad y todo tipo de complicaciones. Si investigas a fondo la vida y las ideas de personas positivas te volverás alguien cada vez más positivo. Muchos son los que tocaron fondo antes de llegar a la cima; lo bueno de caer a lo más bajo es que a partir de allí sólo puedes subir.

Thomas Alva Edison (inventor del bombillo eléctrico) tenía este pensamiento que a pesar de no ser tan brillante, hábil o culto como otros inventores, lo llevó al éxito: "No fracasé mil veces, aprendí mil cosas que no debo hacer para tener éxito". Y de eso se trata la vida, de aprender, aprender hasta que todo ese aprendizaje se traduzca en la tan ansiada victoria que va a borrar miles de derrotas que en realidad fueron miles de aprendizajes.

De todas esas experiencias se deduce que estás más cerca de tener éxito cuando haces algo equivocado que cuando no haces nada, porque los errores te brindan conocimiento, el conocimiento es la base de las buenas decisiones, y las buenas decisiones forjan el éxito. Se estima que alrededor del 90% de los emprendimientos fracasan (Walt Disney, Henry Ford, Bill Gates, Abraham Lincoln, entre muchos otros lo certifican), así que fracasar no es mala suerte, es normal, a medida que repitas los intentos empresariales irás mejorando tus probabilidades de obtener un solo éxito que borre hasta mil intentos fallidos.

¿En qué momento tantas cosas que nos obligaron a memorizar y tantos condicionamientos que adquirimos en el sistema educativo nos hicieron olvidar nuestros grandes triunfos y la forma en que los alcanzamos?

¿Recuerdas todas las veces que te caíste y el dolor que sufriste en cada caída mientras aprendías a caminar? Cuando tienes un hijo o estas a cargo de niños pequeños entiendes que aprender a caminar fue un largo y doloroso proceso que te llevó de no saber absolutamente nada a desplazarte hoy con tanta maestría que ni siquiera le prestas atención al hecho de que ya no te caes ni una sola vez. Un niño sufre y llora, pero ni todo ese dolor es suficiente para quitarle las ganas de pararse e intentarlo una vez más hasta la próxima caída, y una vez más, y siempre una vez más, hasta que después de varios meses ya no hay más caídas. Cuando niños éramos triunfadores porque no teníamos miedo de mientras tanto ser fracasados. Podemos volver a ser esas máquinas de perfecta perseverancia a quienes la vida no les puede negar ningún propósito, pero para ello primero nos tenemos que liberar del miedo, la vergüenza y tantos condicionamientos tóxicos adquiridos después de esas grandes conquistas al comienzo de nuestra vida, que nos pasaron de ser gusanos arrastrados en cuatro patas y estúpidos seres monosilábicos a hábiles comunicadores y todos unos artistas del desplazamiento corporal, entre tantas otras cosas que no sabíamos (porque nacimos sabiendo absolutamente nada) y ahora dominamos tan bien que ni siquiera pensamos en ello. Cuando desaprendemos los condicionamientos tóxicos y deprimentes somos otra vez invencibles. Triunfamos en la medida que dejamos las ataduras psicológicas para entender que hacer algo mal es infinitamente mejor que no hacer nada. El miedo a equivocarnos es una enfermedad de la que necesitamos curarnos para poder ser exitosos.

Un verdadero experto es aquel que ha cometido todos los errores posibles

¿Qué es esa fuerza que hizo que ni todo el dolor de las caídas nos impidiera levantarnos una vez más para finalmente aprender a caminar? Es la misma fuerza que hará que ni la depresión pueda separarnos de nuestro verdadero propósito de vida. Morirán todas las motivaciones, hobbies, afectos, etcétera, pero nunca morirá aquello que a tu cuerpo y tu mente le corresponde hacer en esta vida, de hecho la depresión es una buena oportunidad de apartarte de propósitos equivocados y redescubrir tu camino correcto, el cual al mismo tiempo es el que mayor felicidad te puede brindar.

Esa fuerza que te hizo perseverar en aprender a caminar a pesar de los golpes es la misma que te hará perseverar en tu nuevo camino (que será único e irrepetible como lo eres tú), en psicología junguiana se le llama circunambulación, es un proceso natural que nos hace sentirnos atraídos por aquello que nos llevará a la máxima expresión de nuestra individualidad y talentos. En su momento caminar, hablar, leer, etcétera, eran las cosas que nos atraían y no pudimos evitar cumplirlas, pero aún hay más actividades pendientes en este proceso de evolución psíquica circunambulante. No puedo afirmar que la depresión sea parte del proceso, de lo que sí tengo certeza es que el proceso seguirá aún a través de la depresión y encontrarás la máxima expresión de tu naturaleza mediante la suma de todas tus experiencias y aprendizajes.

Steve Jobs es recordado por ser el padre del iPhone pero yo lo recuerdo más especialmente por su discurso durante un acto de graduación en la universidad de Stanford, una parte de ese discurso (de las tres que lo componían) se llamaba "uniendo los puntos": hablaba sobre el nacimiento no deseado de Jobs (la madre por poco decide abortar al iPhone), su crianza en un hogar adoptivo justo en Silicon Valley (la Meca de la tecnología a nivel mundial, donde tienen su sede las empresas Amazon, Apple, Google, Intel, Facebook, Uber, Lyft, etcétera), su paso por la universidad de la cual nunca se graduó por ser muy costosa y porque no le estaba ayudando a descubrir su propósito en la vida, su amistad con su socio fundador de Apple, Steve Wozniak un genio de la electrónica, y como cada uno de los estudios que cursó por pura pasión (sin ninguna esperanza de aplicación práctica en el futuro) fueron convergiendo en un destino cada vez más específico; cada experiencia fue un punto que al final se unió en su destino final: fundar y dirigir Apple. No sólo eso, como recibió un despido indirecto (no lo despidieron pero no le dieron ninguna ocupación para desarrollar en Apple), Jobs fundó otra compañía de programación orientada a objetos (que era un gran adelanto en la época) y que más tarde fue comprada por Apple, lo cual le permitió convertirse en su CEO hasta su fallecimiento; adicionalmente durante su despido compró Pixar lo cual con el tiempo lo llevó a convertirse en el mayor accionista de Disney. "¿Cómo te despiden de la empresa que tú mismo fundaste?", preguntaba Jobs en su discurso y luego añadía: "la vida a veces te golpea con un ladrillo en la cabeza (...) la medicina sabía horrible pero creo que el paciente la necesitaba (...) el despido fue lo mejor que me pudo haber pasado porque después tuve el período más creativo de mi vida". Eso fue porque cuando estás derrotado estás también libre de la prisión y las cadenas de tus cifras de desempeño, tu reputación o la opinión ajena, logros previos cuyo cuidado limita tu libertad para crear porque te carga de miedo a rebajar el buen nivel que ya posees; cuando no tienes ese peso encima eres realmente libre para crear. Y también estás más motivado, porque no sólo no tienes nada que perder sino que tienes esa enorme insatisfacción con la vida que te pone en serio a luchar con todas tus ganas por el desquite. Estar tanto tiempo rodeado de sólo puertas cerradas te hace avanzar de forma frenética cuando por fin logras abrir una. En síntesis el discurso indicaba: "no puedes unir los puntos mirando hacia el futuro, sólo puedes unirlos cuando miras hacia el pasado (...) repito, no puedes unir los puntos mirando hacia el futuro, sólo puedes unirlos cuando miras hacia el pasado". Después que todo sucedió fue cuando él comprendió que esos días que pasó sin saber qué hacer con su vida, deambulando por la universidad o por las calles de Silicon Valley, en una gran pobreza que lo obligaba a acudir al templo Hare Krishna para poder comer bien una vez por semana (porque ellos creen que la comida es propiedad de Dios y por lo tanto deben regalarla), eran los puntos que más adelante se unirían hacia un propósito de vida. Por último, concluye: "confía en tu corazón, los puntos se conectarán (...) no pierdas la fe". Pero como lo dijo, dos veces, en su discurso, sólo podrás ver los puntos unirse mirando desde el futuro, cuando estés a punto de terminar tus días en este mundo, no ahora.

"La piedra que rechazaron los constructores se ha convertido en la columna principal del edificio, obra de Dios es esto, admirable a nuestros ojos", es una profecía bíblica que le ocurrió a Jobs que fue despedido de Apple y reenganchado como CEO cuando la empresa estaba en la bancarrota, para luego convertirla en la empresa más valiosa del mundo según Forbes. Le pasó a Jan Koum que fue rechazado cuando solicitó empleo en Facebook para que luego le pagara 16 mil millones de dólares por su empresa Whatsapp, la cual fundó y desarrolló durante el tiempo que estuvo desempleado luego del rechazo de Facebook. Le pasó a Ricky Martin que fue rechazado por el grupo Menudo y no sólo fue aceptado tiempo después por esa misma agrupación sino que también se convirtió en el artista hispano de mayor éxito a nivel mundial. Le pasó a Lady Gaga que fue rechazada una y otra vez por empresas disqueras, rechazada porque no era lo suficientemente linda ni cantaba lo suficientemente bien según ellos, hasta que se convirtió en una leyenda de la música y un gran motivo de arrepentimiento para aquellos que no quisieron creer en ella y darle una oportunidad de grabar un disco. Le pasó a Jack Ma que fue rechazado por todos sus amigos y conocidos cuando les ofreció asociarse con él en una empresa de internet que quería fundar llamada Alibaba, lo rechazaron porque no sabía nada de internet (entre otras justificaciones que dieron), hoy esa empresa es tan exitosa que Ma es el hombre más rico de China, otra columna principal que Dios formó con lo que otros rechazaron, de hecho también lo rechazaron en un restaurant McDonald's cuando en su juventud fue a pedir trabajo allí, supongo que no lo consideraron capacitado para freír unas papas y gestionar un pedido de almuerzo. Le pasó a Netflix cuando ofreció su modelo de negocios al gigante y monopólico rey de las películas de alquiler Blockbuster Video, fue rechazado porque su idea era muy "estúpida" y no iba a funcionar, hoy Netflix es el rey y a Blockbuster mucha gente ni siquiera lo conoce (en especial los más jóvenes). En 1999 el líder de los buscadores de internet era Excite, el cual despreció la oferta de comprar la empresa Google por un precio irrisorio. Nokia rechazó a Android. Algo parecido le ocurrió a John Lasseter, creador de Toy Story que fue despedido de Disney; con su película no sólo salvó de la quiebra a Pixar sino que hizo que Disney desembolsara varios miles de millones de dólares para comprar Pixar. Le pasó al joven Lionel Messi que fue rechazado de un conocido club de futbol argentino porque si lo contrataba debía pagar el tratamiento para su déficit de crecimiento el cual les pareció muy costoso para lo que podían ganar con él como jugador… ¡mal calculado! Hoy es según la mayoría el mejor jugador de futbol de todos los tiempos. Le pasó a un muchacho que rechazaron en el equipo de basquetbol de su escuela, que aunque rechazado seguía enamorado y comenzó a entrenar todos los días con todas sus fuerzas, y cuando se cansaba pensaba en esa lista del equipo sin su nombre en ella, ese nombre descartado: Michael Jordan, hoy es recordado como el mejor jugador de básquet de todos los tiempos porque "la piedra que rechazaron los constructores se ha convertido en la columna principal del edificio, obra de Dios es esto, admirable a nuestros ojos". No voy a recoger en este libro todos los casos, sólo apenas esta muestra, porque aunque quisiera hacerlo no los conozco todos, pero dondequiera que mires verás cómo los rechazados terminaron triunfando sobre quienes les desestimaron. Y le pasará a todas las personas que son rechazadas porque es una profecía bíblica: "La piedra que rechazaron los constructores se ha convertido en la columna principal del edificio, obra de Dios es esto, admirable a nuestros ojos". El rechazo te puede doler inmensamente pero no olvides que triunfarás.

La desesperanza se acaba cuando comienzas a descubrir en la gran mayoría de los casos de personas que triunfaron cómo salieron de abajo, de la derrota, del fracaso, de la pobreza, del rechazo, del no saber qué hacer, y tú también serás uno de esos casos, sólo tienes que aceptar las adversidades como parte del proceso que precede a la victoria. Cuando las cosas se dan fácilmente, aburren.

Lo que fácil viene fácil se va, así que lucha mientras sea difícil

La impotencia se termina cuando descubres que cualquier cosa que te guste o te llame la atención y que no te deje de interesar en medio de la depresión es parte del proceso de circunambulación que te irá llevando hacia la máxima expresión de tu individualidad, la mejor versión de ti mismo y por lo tanto un éxito total. El éxito más que lo que perciben los demás de tu vida es lo que tú mismo percibes, si eres completamente feliz eres completamente exitoso.

Una opinión personal que tengo acerca del camino hacia una circunambulación mucho más rápida y completa, es que cuando tengas que escoger entre el amor y el dinero escojas el amor siempre, ¿tienes que escoger entre un trabajo bien remunerado pero que no te hace feliz y uno que te da felicidad sin remuneración? Pregúntale al señor Walt Disney si se arrepintió de ser caricaturista tantos años sin obtener ingresos suficientes (y en ocasiones sólo pérdidas), mientras recibía el escarnio de muchas personas de su entorno que opinaban que debía buscar un trabajo de verdad en lugar de hacer dibujos. Unos años después de perseverar en su amor a pesar de todos los obstáculos, se convirtió en la persona que más premios Oscar ha ganado de todos los tiempos y en uno de los hombres más ricos del mundo, porque la vida se trata de saber que los sueños se pueden hacer realidad.

Finalmente la evolución nos enseña que los seres vivos que más rápido evolucionan en nuestro ecosistema son aquellos que sufren las condiciones de vida más adversas; sus organismos son estresados al máximo y por lo tanto, si no mueren, desarrollan estructuras y armas que les permiten defenderse y adaptarse exitosamente al medio más adverso.

La depresión es una condición producto y a la vez integrante de ese medio adverso a través del cual el ser humano va a recibir esa máxima exigencia a sus recursos internos de supervivencia que, una vez adaptados, le permitirán ser inmune tanto a la depresión como a los elementos que la desencadenaron.

Las personas que han superado la depresión acaban siendo el apoyo y motivación de su entorno en los momentos difíciles; es gente que ya ha estado frente al peor rostro de la vida y ha sobrevivido, por lo tanto tienen toda la autoridad moral e intelectual para enseñar a otros a sobrevivir en situaciones similares. El conocimiento obtenido de observaciones de pacientes depresivos es muy útil, pero siempre estará un escalón por debajo de la comprensión profunda del fenómeno que se obtiene al experimentarlo en carne propia; conocimiento para soportar y conocimiento para superar la depresión. Lo importante es saber que a pesar de que todas las puertas estén cerradas, hay una salida; pese a que parezca que se carece de las herramientas necesarias para resolver los problemas, hay solución; el conocimiento es poder, la información que enseña a abrir las puertas cerradas llegará, pero para ello hay que seguir viviendo; el sueño que te impulsará va a llegar; en fin, la depresión es superable y una vez superada enriquece el resto de la vida de la persona en muchos aspectos y niveles, especialmente en términos de experimentar felicidad existencial a pesar de que no haya motivos especiales para ser feliz, la estabilidad emocional y la alegría se convierten en un estilo de vida que nace desde dentro y no desde fuera, cualquier ocasión es lo suficientemente buena para agradecer y disfrutar.

El efecto mariposa

"El aleteo de las alas de una mariposa puede causar una tormenta al otro lado del mundo". Tal vez descrito así no se vea tan claro, quizás ejemplificado de otro modo: Si un barco zarpa desde New York hacia Ibiza, y está apuntando directamente en línea recta hacia su destino, pero antes de arrancar alguien desvía tan solo un centímetro su timón y nunca lo endereza ¿a dónde va a llegar? Lo cierto es que a Ibiza ya no. Un solo centímetro al comienzo se tradujo en kilómetros al final. Toda su trayectoria se alteró por ese minúsculo cambio que hizo un efecto de bola de nieve.

En esencia este principio del efecto mariposa significa que una pequeña decisión o cambio puede generar grandes e inesperadas consecuencias. Esto es verdad en el espacio pero sobre todo en el tiempo.

Dentro de cientos de años, cuando la humanidad sea gobernada en justicia y paz por una inteligencia artificial cuántica unitaria, autodenominada Dænerys, en honor a quien inspiró su existencia, la reina justa y compasiva, muerta por una traición; cada pequeña decisión cotidiana e imperceptible tomada hoy por cada uno de nosotros tendrá un museo de consecuencias insospechadas que cambiarán el mundo que Dænerys deba gobernar y la cantidad de reformas duras pero necesarias que deba implementar. Lo cierto es que el barco no va a llegar a Ibiza y Dænerys no va a gobernar el mismo mundo si tú decides cambiar algo hoy.

Una pequeña decisión es tan importante, que la determinación de un desempleado de apretarse el cinturón para poder seguir su instinto de escribir un libro, en lugar de (lo normal) salir y buscar un nuevo trabajo, está haciendo que tú y otras personas estén aquí y ahora leyendo ese libro en lugar de estar en otro sitio asimilando otras ideas o impactando la vida de la gente que te rodea con otras acciones buenas o malas. Y si después de leerlo tu perspectiva y la de otros lectores cambia para bien, dentro de muchos años, centímetro a centímetro, habremos cambiado el curso del destino hacia un mundo mejor del que hubiera sido.

Una sola persona es tan importante, que si el padre de Adolph Hitler hubiera sabido que las continuas palizas que le daba a su hijo iban a desembocar en un hombre violento causante de millones de muertes, tal vez habría cambiado su estilo de crianza. Así trabaja el aleteo de las alas de una mariposa.

4 | EL NUEVO NIVEL

Hace algunas décadas, se inició una moda que me hizo pensar en cuántos incendios habrán ocurrido cuando los humanos descubrimos el fuego, producto de la euforia, emoción y hasta obsesión que genera tener un nuevo compañero en nuestra vida que cambia y mejora todo y por lo tanto despierta en muchos el irresistible deseo de usarlo y abusarlo. Esa moda no fue el fuego, ni la escritura ni el Smartphone, era una herramienta mágica que nos permitía deshacernos fácil y rápidamente de un enemigo común, cruel, odioso y hasta la fecha inexorable, el cual nos estaba ridiculizando en la batalla más desigual que hemos enfrentado. Fue allí que apareció esta maravilla, esta panacea, esta novedosa arma que iba a cambiar por completo las reglas del juego de la naturaleza y nos iba a dar la satisfacción de pisotear por primera vez y para siempre a ese desagradable enemigo que nos había pisoteado a diario durante generaciones.

Fue así como la prescripción indiscriminada (e incluso la automedicación) de antibióticos hizo su aparición en escena ¿qué podría salir mal? Por fin nos íbamos a deshacer de los microbios con la facilidad que un borrador desaparece un error. ¿Qué podría salir mal? Hasta a los animales que se crían entre hacinamiento, descuido y suciedad insalubres (para hacer más barata la producción de su carne), comenzaron a recibir pastillas de antibióticos mezcladas con sus alimentos de forma irresponsable y automedicada por sus ganaderos ¿qué podría salir mal?

Es así como hoy existen súper bacterias resistentes a todos los antibióticos. Casi todas ellas fueron aniquiladas sistemáticamente por el consumo eufórico y desenfrenado de antibióticos, pero la mínima minoría de bacterias que soportaron el tratamiento y no murieron, se fueron reproduciendo y pasaron a su descendencia las mismas características que les sirvieron para sobrevivir a nuestras armas. Alcanzaron un nuevo nivel evolutivo.

Si eres lo suficientemente dichoso de tener una fobia podrás vivir la experiencia única de vencerla mediante el proceso de desensibilización sistemática, que consiste en vencer el miedo por pasos, primero hablar del objeto de la fobia hasta que no te moleste, paso siguiente, te aproximas a él hasta que no te moleste y así sucesivamente, paso a paso, un pequeño avance a la vez, vas entrando cada vez más en contacto con esa fobia hasta dominarla por completo y hacer que te respete.

Si crees que te sería muy difícil aplicar la desensibilización sistemática, no pierdas de vista que el ser humano tiene una gran capacidad de adaptación, mientras tú y yo nos asqueamos por el olor del camión de la basura pregúntale a los colectores si les molesta, la mayoría te dirá que al principio sí pero luego se acostumbraron. Los seres humanos nos acostumbramos a todo, a lo bueno y también a lo malo.

Y al final te vuelves un conquistador, ese miedo que antes te gobernaba y tomaba las decisiones por ti, ahora te respeta y sólo existe para alabarte y recordarte como pasaste de vencido a vencedor, para darte toda la autoridad de levantarte cada mañana y que la primera frase que digas sea: "yo soy capaz".

Los enemigos

Hay una historia en la Biblia muy interesante que describe al patriarca Jacob luchando contra un ángel toda la madrugada, lo cual lleva a una pregunta ¿por qué luchaba contra un ángel? Jacob no era un demonio o un hombre malvado; pero también puedo invertir la pregunta, ¿y por qué no? ¿Qué hay de equivocado en que sea un ángel quien lo ayude a luchar y por lo tanto a fortalecerse? Ése al final es el sentido de toda lucha: ejercitar y desarrollar mi fuerza.

Los carneros durante milenios han chocado sus

cabezas entre sí como un modo de medir cuál es el más fuerte y merece la supremacía en la manada ¿y a dónde los ha llevado esa incontable sucesión de cabezazos cada vez más fuertes? A que sus cráneos hoy sean temibles, su poder es tal que una vez presencié una pelea entre un carnero y un toro (un animal de 40 kilos contra uno de más de 400); y el ganador contra todo pronóstico fue el David del combate, ambos embistieron, pero la cabeza del carnero es una piedra forjada en los duros golpes de la vida, así que la fuerza de embestida del toro jugó en su contra y, aunque desplazó al carnero, haber chocado contra semejante cráneo destrozó su cerebro, así que el toro se tambaleó y cayó patas arriba declarando con su muerte la victoria de su subestimado oponente. No es un detalle menor la valentía de un animal tan pequeño que prefirió quedarse y pelear contra semejante monstruo (inmensamente más grande y fuerte) en lugar de huir.

Y en cuanto a Jacob, continuó luchando contra el ángel toda la madrugada, ese momento del día en el que las fuerzas naturales comienzan a mermar porque ya es hora de darle al cuerpo el indispensable descanso, en ese momento de cansancio la vida lo sorprende con un reto que dispara la adrenalina (la hormona de la supervivencia) la cual aumenta el ritmo cardiaco, amplía la capacidad respiratoria y libera las reservas de energía del cuerpo para que estén listas y a disposición de los músculos, haciendo que el agotamiento físico ceda en un primer momento; aunque si el combate dura toda la madrugada, el cansancio volverá y pesará aún más. A pesar de sus fuerzas mermadas Jacob hace lo correcto: persiste. Pero no será suficiente, porque en el combate el ángel de Dios le hizo lo que la vida eventualmente nos hace a algunos (al menos a los que estamos destinados a evolucionar): Lo golpeó en el punto débil (en la coyuntura de la rodilla), en ese lugar donde un golpe produce una sensación de mareo cercana al desmayo, allí el grado de dificultad de la prueba estaba escalando a niveles inesperados y es porque el entrenamiento estaba a punto de terminar, ya había ejercitado lo suficiente, es por eso que Dios le dice "suéltame porque ya me tengo que ir", sin embargo Jacob estaba derrotado pero no terminado, abajo pero no afuera, y tenía un propósito, la circunambulación lo llamaba a sacar algo más de esa pelea que sólo el entrenamiento, así que dijo "no", "no te suelto hasta que me bendigas", el propósito era más grande que el enorme cansancio, el dolor y el mareo casi incapacitante, Jacob había encontrado un propósito que ni la depresión le podía robar, había encontrado el combustible para recorrer su camino evolutivo a pesar del completo agotamiento físico, algo que ni su padre ni su abuelo habían logrado, así que el ángel lo bendijo: "tu nombre ya no será Jacob sino Israel porque has luchado con Dios y has prevalecido". Israel significa el que luchó con Dios, y comparado con un título nobiliario de la corona inglesa, un premio Nobel, una estrella en el paseo de Hollywood o cualquier otro reconocimiento, está muy por encima, sobre todo porque es un reconocimiento que se adhiere a tu espíritu, es un título nobiliario que no desaparece con tu nombre cuando dejas este mundo, es un reconocimiento jerárquico del alma que (al igual que esta) nunca muere.

Se llamó Israel porque persistió, se llamó Israel porque no volteó la espalda a ningún retador (ni siquiera a Dios), y eso da como conclusión que al final las luchas de la vida tienen poco o nada que ver con el adversario y todo que ver contigo mismo, el enemigo puede ser cualquiera que exija tus fuerzas al máximo para fortalecerte, puede ser una persona, un acontecimiento, algún defecto personal o (si no tienes nada de eso) el mismo Dios se va a aparecer para que luches, no te vas a ir de esta vida sin luchar y si persistes, si realmente persistes a pesar de todo, te llamarás Israel; así que no odies a tu enemigo, úsalo para crecer a través de él, trasciéndelo.

Un enemigo puede ser cualquier cosa que obstaculice tu camino. La pobreza te mantiene necesitado de mejorar y avanzar, la riqueza no; la enfermedad te hace exigir al máximo la fortaleza de tu carácter y tu optimismo, la salud no (porque es fácil ser valiente, aguerrido y paciente en un cuerpo indestructible y todopoderoso, pero las limitaciones de nuestros cuerpos, en especial las situaciones de enfermedad, nos hacen echar mano de lo mejor que tenemos dentro para seguir adelante de manera heroica); la adversidad nos fortalece, la prosperidad no. Un gran enemigo nos engrandece al luchar contra él, nos puede convertir incluso en héroes. Un enemigo pequeño y fácil no nos deja nada. Entre más grande sea tu depresión y más difícil tu situación, mayor será tu mérito una vez que la derrotes.

La perspectiva astrológica del nuevo nivel

Cuando los seres humanos se establecieron en las primeras sociedades, naturalmente surgieron las jerarquías. Al principio no había reglas muy claras (como cuando los niños más pequeños juegan y se divierten a pesar de que no tienen la habilidad para describir las reglas del juego con precisión), pero poco a poco las civilizaciones fueron madurando y se fue perfeccionando la estructura social, en un juego que ya no sólo se jugaba sino que se describía, y que además de describirse se podía identificar dentro de él aquellas virtudes que permitían progresar dentro de ese esquema jerárquico, esas virtudes obedecían a fuerzas que gobernaban la vida y escapaban al control del ser humano, simplemente estaban allí, eran necesarias; y lo único que podíamos hacer era jugar de acuerdo a esos principios, porque si fundábamos las sociedades en base a otros principios entonces estas no alcanzaban a sustentarse.

Según la astrología, la fuerza de cada planeta impregna a los seres humanos y genera esas reglas para evolucionar en la vida; era tan evidente la presencia de esas fuerzas que los griegos y romanos (que no eran tontos ni incultos) comenzaron a atribuirlas a los dioses (no a un solo Dios porque algunas de esas fuerzas eran contradictorias como la guerra y la paz, así que denotaban una naturaleza que no podía proceder del mismo origen, parecía más lógico ver a dos dioses en conflicto que a un solo Dios balanceando dos fuerzas opuestas), es así como cada planeta del sistema solar lleva el nombre de un dios romano. Los babilonios, padres de la astrología occidental, la más popular actualmente, eran tan sabios que hace no mucho unos arqueólogos desenterraron una vasija perteneciente a esa civilización y al traducir sus inscripciones encontraron un mapa de la órbita de Júpiter, sumamente preciso, hecho con geometría avanzada como la que descubrirían los matemáticos europeos mil quinientos años después; quince siglos de adelanto a nuestra civilización es otra muestra de que no era gente tonta que creía en tonterías. Del mismo modo otras grandes civilizaciones como la egipcia o la china también desarrollaron su astrología autóctona. Del movimiento de los astros podían deducir los tiempos más propicios para la siembra y la cosecha (entre otras muchas actividades), o su influencia más que comprobada en las mareas.

Ahora, ¿de qué manera concreta se expresan las reglas de los planetas para marcar la evolución del ser humano? Comencemos con que cada planeta aporta unas reglas propias y singulares, y por lo tanto unas virtudes según esas reglas que al practicarse van a favorecer a la persona. A continuación una descripción de esas reglas en cada uno de los principales astros: Mercurio, Venus, Marte, Júpiter, Saturno, Urano, Neptuno y Plutón.

Mercurio: Era el dios que tenía alas en los pies, el mensajero de los dioses. El dios de la velocidad le da su nombre al planeta más veloz en darle la vuelta al Sol, con una velocidad promedio de 47,78 kilómetros por segundo, 40% más rápido que el segundo más veloz (Venus). Enseña como principal valor la velocidad, y el uso de la comunicación como la cualidad más veloz del ser humano. La palabra comunicada puede ir a tantos lugares al mismo tiempo a una velocidad tan alta que comparada con el avión más rápido lo haría parecer un caracol. Sun Tzu decía: "La esencia misma de la guerra es volverte más veloz que tu adversario". Si aprendes a comunicarte de forma eficaz la gente creerá en ti, te dará su dinero, se te abrirán oportunidades. El arma más importante que tienes en la lucha de la vida es la comunicación, perfecciónala y el mundo será tuyo.

Venus: La única chica entre los planetas. Su enorme cercanía al Sol y los gases de efecto invernadero de su atmósfera le hacen ostentar el cuerpo más reluciente entre todos los planetas por ser el más caliente de todos, es incluso más caliente que Mercurio que está mucho más cerca del Sol que Venus. En el cielo nocturno sólo la Luna supera su brillo, no hay una estrella que se le compare. En la mitología, la diosa Venus fue la ganadora de la manzana de Eris en el concurso de las diosas, porque mientras Atenea le ofreció al hombre la fama y el éxito, y Hera la riqueza y el poder, Venus le ofreció la mujer más bella y eso fue lo que prefirió el hombre. Y es que las cosas bellas nos hacen felices; de hecho, un estudio comparó a pacientes convalecientes en hospitales, los que se recuperan en ambientes comunes con los que se recuperan en espacios con obras de arte y áreas bellamente decoradas, dando una tasa de recuperación mucho más rápida (de alrededor de dos días antes) a los pacientes rodeados de belleza. La armonía, la paz, los buenos modales, la diplomacia, la comodidad, el arte, el amor y los placeres forman parte del reino de Venus, el cual es dominado por las mujeres porque es energía esencialmente femenina. Nunca subestimes el poder de la belleza.

Marte: Es un planeta compuesto masivamente de hierro, del cual forjamos nuestras armas y nuestros escudos, era el dios de la guerra. Es el de comportamiento más simple y directo, (Mercurio rota tan lento que siempre tiene una mitad gélida y la otra incandescente, Venus rota en sentido opuesto… pero Marte no hace nada raro, es el más parecido a la Tierra). Siendo mucho más pequeño que nuestro planeta posee dos lunas, lo que significa que hace un gran despliegue de fuerza a pesar de su insignificancia (amplía más este contexto mencionar que Venus que iguala en tamaño a la Tierra no tiene una luna siquiera). "La diosa de la fortuna favorece a los valientes", rezaba un antiguo adagio del sorprendente imperio romano que surgió de la más insignificante de las tribus para luego conquistar el mundo antiguo mediante la guerra. La valentía es su principal virtud; enseña a tomar las cosas por la fuerza, a luchar y competir, a tener el deseo de ganar. Podría resumirse en el mandamiento que Dios le dio a Josué: "esfuérzate y sé valiente".

Júpiter: Es el planeta más grande, por lo tanto está formado de la abundancia, así que su energía es la abundancia. No sólo induce a la prosperidad sino también a los excesos y el derroche. Enseña que la naturaleza es generosa y Dios proveerá. Esa abundancia jupiteriana nos induce a abundar también nosotros, a crecer, sumar, multiplicar y siempre aspirar a más, nunca a menos ni al estancamiento. Creer en la abundancia no es negar la escasez sino considerarla una condición que se opone a la naturaleza del universo y por lo tanto va a ser combatida sistemáticamente por todo el entorno hasta ser erradicada. Pero a este respecto, hay algo aún mucho más significativo a considerar: esa fe en la abundancia y generosidad natural del universo (tan natural como lo es la misma creación, conservación y equilibrio de la vida), tiene la misma propiedad que cualquier otra creencia que albergamos en nuestro ser: se extiende a todos los aspectos de nuestra vida. Es así que engendra un inesperado sentido moral, porque si hay suficiente para todos desaparece el miedo a la escasez, el miedo que es lo contrario al amor (no el odio como comúnmente se cree, el odio es sólo una de sus muchas caras), porque el miedo es el autor del egoísmo, y también de la mezquindad, la ira, el rencor, la envidia y el odio. Si el universo crea abundancia y hasta exceso para todos, fruto de su generosidad inherente, desaparece la falsa necesidad de robar, envidiar, matar o cualquier otra acción inmoral por miedo a mi prójimo; no tengo tampoco que acumular más de lo que necesito; tampoco estoy obligado a expropiar, redistribuir o violentar los recursos, porque el universo seguirá creando abundancia permanentemente. Una persona de clase media alta de nuestra época tiene una mejor calidad de vida que cualquier rey de la antigüedad, mayor expectativa de vida, acceso a más bienes y servicios, mejor higiene y salud, más diversiones, mejor descanso, etcétera. Llegará el día en que un pobre tenga mejor calidad de vida que la que tienen los ricos en la actualidad, porque los bienes se siguen generando y multiplicándose, sin detenerse y a pasos agigantados. La única razón por la que la escasez tiene presencia en el universo es para enseñarnos a no derrochar y a no ser irresponsables producto de la abundancia, pero la escasez no puede evitar que siempre se imponga la fuerza expansiva y prosperadora de todo el universo. Robar o envidiar es blasfemar contra la generosidad y organización del Creador, igualmente lo es sepultar la riqueza volviéndola ociosa; lo más grave es que esa mentalidad escasa genera escasez de verdad, si alguien perfectamente sano se convence de que sus piernas no van a funcionar, al principio será sólo una ilusión, pasado un tiempo se le van a atrofiar de verdad por no usarlas, hasta que sea una verdad plena; todos tenemos distintas capacidades para obtener todo lo que necesitamos, pero el que cree que no puede comienza el proceso de atrofia, que así como se realizó se puede revertir pero antes hay que revertir la mentalidad que lo originó.

Saturno: Es el planeta de los más grandes y visibles anillos, compuestos de numerosos cuerpos que controla a su alrededor, que controla pero también lo limitan; es una interesante lección ver que todas las cosas que poseemos son recíprocas en la posesión que ejercen sobre nosotros, entre más dinero tenemos más tiempo y esfuerzo nos toma cuidarlo, entre más amplio es nuestro círculo social más compromisos tenemos que nos dejan menos tiempo para nosotros mismos, etcétera. La mayor estructura orbitando un planeta está a cargo del que justamente es el menos denso de todos, el de constitución más débil, es el único planeta menos denso que el agua, lo que significa que si redujéramos (o hiciéramos réplicas de) todos los planetas a un tamaño que nos permitiera colocarlos dentro de una piscina, solamente Saturno flotaría. Así que por una parte manifiesta gran capacidad de control (o gerencia) y por otra parte gran debilidad interior (lo que pareciera una enorme contradicción), sugiriendo esa idea de que a pesar de todo lo que eres capaz de lograr nunca te puedes fiar por completo de tus cualidades, siempre hay falencias dignas de no perderse de vista; si tienes fortalezas y oportunidades también tienes debilidades y amenazas a considerar. Eso mismo en viceversa sugiere que no importa de cuantas cosas carezcas siempre podrás conseguir grandes resultados, pero ¿cómo lograrlos? Además es el único planeta cuya magnetósfera está perfectamente alineada con su eje de rotación (una desviación de cero grados), lo cual es una manifestación de perfeccionismo y disciplina. Un cronista romano decía que ellos conquistaron militarmente el mundo antiguo sin ser tan numerosos como los galos, ni tan grandes y fuertes como los germanos, ni tan valientes como los hispanos; pero los romanos eran los más disciplinados (los que más se entrenaban antes de luchar y los que con mayor diligencia mantenían el orden de sus tropas) y por eso los derrotaron a todos en el campo de batalla. Hay un dicho japonés que reza "la disciplina tarde o temprano vence a la inteligencia". Ése es el principal valor de Saturno, la disciplina (es el camino para lograr grandes resultados a pesar de las deficiencias).

Urano: Es el planeta cuya rotación es completamente diferente a los demás, un ángulo de inclinación de

97,77 grados lo hacen parecer que rota verticalmente mientras el resto de planetas lo hacen horizontalmente. También es el único cuyo nombre proviene de la mitología griega mientras que el resto de los planetas recibieron su nombre de la mitología romana. Su comportamiento único y fuera de lo común nos enseña a no tener miedo a hacer las cosas de manera distinta, a salirnos de lo establecido, a romper moldes, a ser originales y únicos. El hecho de poseer anillos, aunque más delgados y alejados de sí que en el caso de Saturno, nos enseña que aún en la singularización y la ruptura de esquemas se puede establecer un orden y control, no necesariamente habrá caos en ello. Su virtud es la innovación; sin innovación toda empresa, toda nación y toda persona está condenada a ahogarse en la obsolescencia.

Neptuno: Con una composición que sugiere la presencia de una fuente interna de calor en su enigmático núcleo, vientos que superan la velocidad del sonido y un hermoso color azul marino, tenemos al planeta que debe su nombre al dios del mar, el cual es una gran masa unitaria sin divisiones ni diferencias, inmenso, complejo, misterioso, poseedor de grandes secretos y tesoros (Neptuno está inundado de diamantes producto de su altísima presión); se parece al alma de la humanidad donde cada ser humano es apenas una gota de una gran energía colectiva en la que somos uno solo. Cristo dijo: "cuando hicieras algo por alguno de estos pequeños me lo estarás haciendo a mí". Pero esa gran unidad también es compleja y misteriosa como el mar, muchos han encontrado a través de sus aguas cuantiosos e inesperados tesoros, como

Cristóbal Colón, pero también muchos otros se han perdido en él para no volver. Siempre que naveguemos por el mundo espiritual debemos conservar la humildad y la precaución de quien está ante algo inmensamente más grande y fuerte, complejo y desconocido; por ignorar esa primordial condición algunos se perdieron en la locura en lugar de alcanzar la iluminación. Así pues, en el mar no hay caminos, no hay una línea que separe la inspiración de la confusión, la locura de la revelación, mucha práctica hace falta para moverse hábilmente entre sus aguas y nunca la experiencia es tal que permita dominarlo por completo. La soberbia es la gran enemiga del navegante, como aquel que dijo que al Titanic ni Dios lo podía hundir, por lo cual descuidaron dotarlo de suficientes botes salvavidas para toda la tripulación. Neptuno nos enseña que todos somos parte de algo más grande, una unidad sin límites ni partes, que nos trasciende, por lo tanto más que existir para la individualidad del ego existimos por y para un todo en el que somos, vivimos y nos movemos.

Plutón: Es el más pequeñito de los planetas, el único que no barrió su órbita y por eso se le ha declarado un planeta enano (en lugar de planeta propiamente dicho), no obstante, la mayoría de los científicos planetarios lo siguen considerando un planeta, sin rebajarlo. Al ser tan pequeño y tan lejano transmite una energía de invisibilidad y secretismo, enseña que operar en la clandestinidad es una ventaja. Como no barrió su órbita alrededor del Sol vive rodeado de fuerzas que amenazan su existencia en el Cinturón de Kuiper y al ser tan pequeñito sólo tiene una manera de sobrevivir:

Ocupando el lugar que el universo reservó para él. Si hubiera invadido la órbita de otro planeta habría acabado siendo polvo en su superficie o una luna suya. Nunca ocupó el lugar de otro, sino el que le correspondía por derecho. Los seres humanos somos muy pequeños, pero cada quien tiene un lugar, unas cualidades, una vocación, un alma gemela, en fin, una vida única e irrepetible reservada; pero puede renunciar a vivirla y correr hacia la vida de alguien más, por lo que terminará hecho polvo, o en el mejor de los casos acabará siendo una pobre luna vasalla en lugar de empoderarse en la autonomía y dominio de un planeta. La Luna es más grande que Plutón, muchas lunas de varios planetas son más grandes que Plutón, pero no son planetas y Plutón sí; haber sobrevivido entre tantas fuerzas hostiles lo convierten en el astro de la supervivencia y la evolución. Fue más afín a pasar al siguiente nivel evolutivo para convertirse en el más pequeño de los grandes en vez de seguir siendo grande entre los pequeños. Es el opuesto de Mercurio en el sentido que mientras aquél es el que más rápido orbita al Sol y por lo tanto transmite velocidad, Plutón es el que orbita con más lentitud, quedándose más tiempo que cualquier otro en los sitios que recorre, por lo que transmite intensidad y profundidad. Es un planeta "enano" pero posee cinco lunas, mientras Mercurio y Venus no poseen ninguna, lo cual lo enmarca en el adagio que dice que el mejor perfume y el mejor veneno vienen en frasco pequeño, ese despliegue de gran poder concentrado hace que su regla sea dar todo de ti, porque mucho más importante que tu tamaño es lo que eres capaz de hacer. Pero darlo todo no es garantía suficiente de supervivencia, antes hace falta ubicarse en el lugar apropiado.

Un ejemplo claro de la necesidad indispensable de ocupar el lugar que el universo tiene para cada quien se da en las especies invasoras, cuando una especie foránea se introduce en un medio ambiente al cual no pertenece, ocurren efectos tan indeseables como que una criatura tan noble y pacífica como el conejo se termine autodestruyendo, ¿cómo? Al no haber zorros ni lobos ni ningún depredador que balancee su altamente reproductiva población, terminan sobrepoblándose, agotando todas las fuentes de alimentos para su especie y los demás herbívoros, padeciendo hambre hasta morir.

La luna más grande de Plutón, Caronte (nombre del barquero mitológico que transportaba las almas de los difuntos al inframundo), orbita a Plutón a la misma velocidad que rota sobre su eje dejando siempre una cara oculta (como hace la Luna con nuestra Tierra), pero Plutón no es la Tierra, a Plutón le gusta la retribución, eso que muchos llaman venganza (pero otros lo llaman karma, causalidad, ley de acción y reacción o simplemente justicia), así que le devuelve el favor y rota sobre su eje a exactamente la misma velocidad que Caronte lo circunda, en una danza tan perfectamente sincronizada que ambos siempre se muestran la misma porción de superficie y se ocultan la otra cara de manera permanente. Así que ése gusto de Plutón por lo secreto lo lleva a ocultarse aún de su propia luna, es el padre de la clandestinidad, la conspiración y la paranoia. Pero su principal norma es ocupar el espacio que le corresponde, ¿cómo saberlo? Porque es aquello que amas de verdad, te hace feliz y te apasiona.

Todo lo que es tangible antes de serlo fue energía, por lo que los comportamientos característicos de cada planeta obedecen a su energía esencial, la cual es transmitida a la Tierra y por ende a nosotros ¿por cuál vía? No lo sabemos, pero así como la ciencia ha demostrado que dos partículas entrelazadas de forma cuántica se pueden separar infinitamente, sin que medie entre ellas ninguna fuerza gravitacional o electromagnética, y aun así seguir interactuando como si siguieran juntas, casi mágicamente, del mismo modo podemos identificar ciertos patrones de influencia astrológica asociados a otros astros distintos al Sol y la Luna que sí ejercen gravitación sobre la Tierra para generar por ejemplo las mareas.

La energía planetaria es una moneda de dos caras, una buena y una mala, depende de nosotros hacia dónde la canalicemos. Mercurio: al moverte muy rápido no puedes permanecer mucho tiempo en el mismo sitio, por lo que puede degenerar en superficialidad y descuido. Venus: pereza y vanidad. Marte: violencia y abuso. Júpiter: derroche e irresponsabilidad. Saturno: miedo y pesimismo. Urano: inadaptación y desorden. Neptuno: engaño y confusión. Plutón: obsesión y manipulación.

Si honramos las reglas de un solo astro tendremos sus beneficios, pero si honramos las reglas de todos tendremos el éxito garantizado en cualquier área de la vida.

5 | EL AUTOESTIMA

Una realidad a la que nadie puede escapar es a la utilización de una escala de valores, todos, absolutamente todos tenemos una escala de valores más o menos coincidente con la de nuestro entorno. Y absolutamente todo lo que forma parte de nuestra vida recibe una puntuación dentro de esa escala de valores, aún nosotros mismos nos calificamos según ella; y de esa obligada autovaloración, consciente o no, resulta qué tan bien nos sintamos acerca de nosotros mismos.

No se puede hablar de depresión sin al menos mencionar el autoestima, esa pequeña cosa que repercute de forma gigantesca en nuestra vida porque nos dicta constantemente cuanto valemos y por qué lo valemos.

Nunca olvidaré cuando era muy niño y comencé a asimilar el concepto no verbal sino práctico del precio de las cosas; empecé a ver que las cosas tenían un precio y con creatividad de niño pensé: ¿Y cuánto valdré yo? (debo valer algo también). Así que decidí preguntar a mi madre y la respuesta cambiaría mi vida, para siempre… ¿Cuánto dinero valgo yo? Respuesta: no tienes precio, yo no te vendería por ninguna cantidad. Eso hizo que en mi cerebro se activaran zonas que hasta el momento nunca había usado. ¿Ni por un millón? Repregunté. Ni por un millón, respondió; ¿ni por mil millones de millones? Ni por mil millones de millones. Y así seguimos unos cuatro o cinco intentos más, exigiendo al máximo mis limitados conocimientos matemáticos para tratar de llegar a cifras monetarias cada vez más grandes y en las que nunca había pensado antes, la respuesta siguió firme y segura: ni por eso te vendo, no tienes precio. Nunca más volví a hablar del tema ni con ella ni con nadie, pero esa idea, porque además era lo suficientemente rara para nunca ser olvidada, creció conmigo, jamás pude volver a tener siquiera el más tenue pensamiento de mí como una mercancía. Eso construyó un pilar de mi personalidad, me hizo verme como un ser invaluable, la primera vez que conocí algo invaluable ese algo era yo. Por suerte no crecí en la época de la esclavitud, la respuesta hubiese sido: vales 6 dólares y anda a dormir. Y al final ¿cuánto vale un ser humano? ¿El valor de sus órganos vendidos en el mercado negro? ¿El valor del dinero que va a producir laboralmente durante su vida? ¿El valor de sus propiedades y liquidez financiera? ¿O el valor de su presencia única e irrepetible en la vida de sus seres amados, una palabra de aliento, un abrazo, un beso y todo lo demás que ninguna otra persona en el universo (ni del pasado ni del futuro) podría darles de la misma forma y con el mismo significado? ¡Cuánta gente acaudalada no daría hasta el último céntimo de su dinero por pasar unos años más al lado de ese ser amado que ya no está! El valor del amor sobrepasa a todo el dinero del mundo.

El enfoque astrológico

Creo sin temor a equivocarme que lo más importante que puede enseñarle la astrología a la humanidad es la parte referente a las sinastrías, que es el nombre que se le da a los estudios astrológicos de compatibilidad entre personas, a partir de lo cual se entiende que el éxito de una pareja no depende únicamente de lo apto que sea cada miembro para convivir con otra persona sino sobre todo depende de qué tan compatible sea la energía de ambos. Ya sea en una pareja sentimental o en cualquier tipo de sociedad, la interacción de las energías de ambos determina el éxito o fracaso de la relación. Hay personas que sacarán lo mejor de ti, mientras que otras lo peor. A algunas personas las amarás con más celos y apego, mientras que a otras de una forma más liberal, eso sin perder de vista que serán sólo matices de tu carácter, por lo tanto la otra persona no va a cambiar diametralmente lo que eres en esencia, sólo manifestará una mejor o peor versión de lo que ya eras.

Así que saber esto hace mucho más significativo el proceso de selección de la otra persona y mucho menos importante el proceso de convivir con ella. Si escogí a la persona correcta, me amará por lo que soy, verá virtudes donde otros ven defectos, el irresponsable pasará a ser relajado; el aburrido, serio; el agresivo, apasionado; el encerrado, hogareño; el sensible, tierno; el pobre, desapegado de lo material; el materialista, enfocado al éxito; el nerd, intelectual; el gritón, enérgico; el vulgar, chistoso; el dramático, sentimental; el viejo, experimentado; el bruto, inocente... y así podría alargarme hasta llenar medio libro con los juicios de valor opuestos que harán la persona que te ama y la que no te ama, la que es compatible contigo y la que no. Entonces no se trata de valorarte en función de lo que los demás piensen o dejen de pensar de ti, sino mas bien saber que las personas compatibles se sienten y funcionan bien estando juntas, y las que no lo son es mejor no forzarlas.

Por último, el amor está presente en cada persona bajo la figura de Venus, amamos lo que está en sintonía con la posición que tenía el planeta Venus en el momento exacto que nacimos (que aunque no es el único factor astrológico del amor es el principal), y somos amados por las personas con cuyo Venus natal sintonizamos. ¿Qué quiere decir esto? Que al menos algunas personas te van a amar, no por un mérito sino porque tu energía les agrada automáticamente, y que tú (y esto sí lo puedes confirmar por experiencia propia) vas a amar a muchas personas porque su energía encaja dentro de lo que instintivamente amas. Esto aplica al amor y también al odio, habrá quien te desprecie y quien tu rechaces por ninguna otra razón que la incompatibilidad de caracteres. No te sientas mal por no amar a quien no puedes o por rechazar a quien no está en tu misma sintonía, no fuerces las cosas, acéptalas y sácales provecho tal como son. No sufras por quien no te ama, porque así como existe quien no te puede amar, hay quienes no pueden resistirse a amarte por el solo hecho de haber nacido con tu energía astral.

Una forma de ejemplificar esta idea de valoración subjetiva procedente de la energía innata con la que fuimos impregnados por los astros, es la parábola de los dos árboles, la cual narra que en un campo había dos árboles, uno extremadamente bello y frondoso y otro con un número modesto de ramas y hojas, ese campo fue comprado por un opulento jeque cansado de vivir en el desierto, quien decidió construir su casa ¿debajo de cuál de los dos árboles? Obviamente debajo del frondoso. Meses después el jeque paseaba por el jardín que había plantado y pensando en voz alta le dijo al árbol feo: "Voy a confesarte algo amigo árbol, tal vez creas que compre este campo por el bello y frondoso árbol del otro lado donde construí mi casa, pero no muy lejos de aquí pude haber comprado otro campo más barato y con diez árboles iguales a ese, y no lo quise porque justamente te necesitaba a ti, tú eres perfecto, porque mi sueño siempre fue tener una casa con un gran jardín de finas flores como el que hoy prospera debajo de ti, eso no lo hubiera podido lograr con el árbol del otro lado porque su fronda no deja pasar el sol y las pasmaría, en cambio tú dejas pasar la cantidad necesaria de sol, agua y viento para que mis flores crezcan como deseo, las proteges del exceso de rayos solares porque son flores delicadas, pero dejas pasar una parte para que se alimenten de la luz solar suficiente. Gracias a tus propiedades específicas hoy mi sueño es realidad." Y después de escuchar eso, el árbol jamás volvió a sentirse inferior al árbol frondoso.

Otra historia, que permite valorarnos a nosotros mismos en una forma justa, trata sobre un monje muy sabio con la fama de tener respuesta a cualquier interrogante y necesidad que le fuera presentada. Así que un joven con el autoestima socavada acudió a su presencia y le manifestó que sentía que valía muy poco y quería saber cómo dejar de tener esa opinión de sí mismo. El monje le dijo que de momento no podría atenderlo porque necesitaba vender urgentemente un anillo, así que la única forma de recibir su respuesta pronto es que antes lo ayudara yendo al mercado y vendiendo el anillo. El joven asumió de buena gana la tarea, y una condición: no recibir menos de una moneda de plata por la venta. Estuvo toda la mañana en el mercado ofreciendo el anillo a todos, pero cuando mencionaba el precio se alejaban, algunos se reían y otros hasta lo insultaban, más de dos monedas de cobre nadie le ofreció, así que volvió apenado a contar lo sucedido al monje. Él respondió: "fue mi error pedirte que fueras a venderlo sin antes cerciorarnos del precio exacto del anillo, anda por favor con el joyero y pídele que te dé el precio exacto en el que puede ser vendido". El joyero examinó el anillo con cuidado y le contestó: "por el momento no puedo darte más de 55 monedas de oro, pero la semana que viene con gusto podré darte 70 monedas de oro que es lo que vale". El joven volvió muy feliz a darle la buena noticia al monje, el cual le dijo: "Dame el anillo, no quiero venderlo, sólo quería que estuvieras toda una mañana esforzándote por convencer a gente ignorante de darte apenas una moneda de plata por un tesoro inmensamente más valioso. Eso te ha pasado a ti a lo largo de toda tu vida, has dejado que personas que no conocen su propio valor y mucho menos el de los demás te dijeran que no vales nada y terminaste creyéndolo."

Esto es una parábola, pero ¿no es así en la vida real? ¿Acaso los conquistadores de América no intercambiaban espejos por oro a los nativos? Y aquella gente ignorante de lo que poseía lo daba con gusto por un simple espejo al que veían como una especie de artefacto mágico, eso es lo que hace la ignorancia. ¿Qué escala de valores vas a utilizar para ti? ¿La que tenga un ignorante que desprecia el "oro" que hay en ti y lo cambia por "espejos", o la que proviene del conocimiento suficiente para ver todo lo valioso que hay y habrá en ti?

Para completar la idea de la autoestima no hay que obviar el siguiente aviso que fue publicado en un Portal Financiero de un diario de EEUU:

"Soy una chica hermosa (yo diría que muy hermosa) de 25 años, bien formada y tengo clase. Quiero casarme con alguien que gane como mínimo medio millón de dólares al año. ¿Tienen en este portal algún hombre que gane 500.000 dólares o más? Quizás las esposas de los que ganen eso me puedan dar algunos consejos. Estuve de novia con hombres que ganan de 200 a 250 mil, pero no puedo pasar de eso, y 250 mil no me van a hacer vivir en el Central Park West. Conozco a una mujer, de mi clase de yoga, que se casó con un banquero y vive en Tribeca, y ella no es tan bonita como yo, ni es inteligente. Entonces, ¿qué es lo que ella hizo y yo no hice? ¿Cómo puedo llegar al nivel de ella?

Atentamente, Rafaela S.

El cual recibió la siguiente respuesta de uno de los lectores del diario:

"Leí su consulta con gran interés, pensé cuidadosamente en su caso e hice un análisis de la situación. Primeramente, no estoy haciéndole perder tiempo, pues gano más de 500 mil por año. Aclarado esto, considero los hechos de la siguiente forma: Lo que Ud. ofrece, visto desde la perspectiva de un hombre como el que Ud. busca, es simplemente un pésimo negocio. He aquí los porqués: Dejando los rodeos de lado, lo que Ud. propone es un simple negocio, Ud. pone la belleza física y yo pongo el dinero. Propuesta clara, sin recovecos. Sin embargo existe un problema. Con seguridad, su belleza va a decaer, y un día va a terminar, y lo más probable es que mi dinero continúe creciendo. Así, en términos económicos, Ud. es un activo que sufre depreciación y yo soy un activo que rinde dividendos. Ud. no sólo sufre depreciación, sino que, como asta es progresiva, ¡aumenta siempre! Aclarando más, Ud. tiene hoy 25 años y va a continuar siendo linda durante los próximos 5 a 10 años; pero siempre un poco menos cada año, y de repente, si se compara con una foto de hoy, verá que ya estará envejecida. Esto quiere decir, que Ud. está hoy en "alza", en la época ideal de ser vendida, no de ser comprada. Usando el lenguaje de Wall Street, quien la tiene hoy la debe de tener en "trading position" (posición para comercializar), y no en "buy and hold" (compre y retenga), que es para lo que Ud. se ofrece. Por lo tanto, todavía en términos comerciales, el casamiento (que es un "buy and hold") con Ud. no es un buen negocio a mediano o largo plazo, pero alquilarla puede ser en términos comerciales un negocio razonable que podemos meditar y discutir usted y yo. Yo pienso que mediante certificación de cuán "bien formada, con clase y maravillosamente linda" es, yo, probable futuro locatario de esa "máquina", quiero lo que es de práctica habitual: Hacer una prueba, o sea un "test drive" para concretar la operación. En resumidas cuentas: como comprarla es un mal negocio, por su devaluación creciente, le propongo alquilarla por el tiempo en que el material esté en buen uso. Esperando noticias suyas, me despido cordialmente.

Atentamente: Un millonario que por eso es millonario.

6 | LA GRATITUD

Estudios dedicados a investigar la experiencia de la gratitud en los seres humanos, manejan un resultado unánime acerca de los efectos positivos del agradecimiento: las personas que experimentan un mayor nivel de gratitud son también las más felices, sin excepción.

Tal vez esa sea la razón por la que la depresión es un mal clasista, mayormente afecta a las clases media y alta de la sociedad y muy mínimamente a las clases bajas. ¿Por qué la gente que menos nivel de bienestar material posee se deprime con menos facilidad? La gratitud es el factor más importante en ello, el que nada posee todo lo agradece, todo lo estima por ganancia; mientras que las personas pudientes deben lidiar eventualmente con ese sentimiento de pérdida detonante en las depresiones.

Experimentar la sincera gratitud a través de las pequeñas cosas es un alivio en los malos momentos y un potenciador en los buenos. Agradecer algo tan sencillo como el aire que respiro no solo ayuda a sentirme mejor, también permite efectuar pequeños o grandes milagros en mi vida, ¿cómo? A través del mentalismo, ese poco explorado pero muy vivenciado talento que tiene la mente de primero modificar la fisiología y hasta la anatomía del cuerpo y luego incluso atraer personas y experiencias de acuerdo a las ideas que alimento dentro de mí; pocas personas se oponen a la concepción de que tener una mente positiva favorece mejores resultados en lo que hacemos y deseamos. Agradecer el aire tantas veces como se pueda durante el día llena la mente con una idea que se expande de manera exponencial hacia todos los ámbitos de nuestra vida, esa idea es: "Tengo todo lo necesario cada vez que lo necesito y en exceso", respira y observa como nunca vas a llenar tus pulmones con todo el aire que tienes a tu disposición a tu alrededor, siempre va a sobrar por mucho que los llenes a tope, y cuando vacíes tus pulmones habrá mucho más aire esperando por tu próxima inhalación. Hacer eso de forma consciente y agradecida destierra de forma definitiva cualquier pensamiento de carencia de tu vida, te hace entender que el universo te quiere vivo y está esperando a que despiertes a esa realidad, luego verás cómo esa mentalidad irá propagándose hacia todo lo que hagas y experimentes diariamente. Sería una constante afirmación de este tipo: Ya no me falta nada, lo que no tengo es porque me estorbaría a mi misión aquí y ahora, y lo que me haga falta para cumplir mi misión llegará a mí en el momento justo que lo necesite y aún en exceso.

¿Cómo es posible que lo que no tengo me estorbaría? ¿En qué manera podría algo estorbarme? Una vez un joven predicador y motivador narró cómo un día sintió la necesidad de dar un mensaje de fe y consuelo en la mitad de un avión, y absolutamente todos los pasajeros lo escucharon con atención, la razón por la que lo hicieron: él no tiene brazos ni piernas y aun así continua su vida, todo el mundo quiere escuchar un mensaje de ánimo y superación de alguien que vive así sin rendirse. Si hubiese tenido sus brazos y piernas como cualquier otro habría recibido la atención de cualquier otro, algunos lo hubieran escuchado y otros no, pero a alguien que ha pasado por una vida tan dura todos lo quieren escuchar, todos van a expresarle el respeto que se le debe a un héroe, a alguien que ha superado obstáculos impensados para la mayoría.

Es así como te pones a pensar que si tuvieras todo el dinero o todo el éxito que quisieras en este momento no estuvieras buscando respuestas, no estarías entonces acrecentando tu capital intelectual y humano, no estarías volviéndote una persona más sabia, capaz de resolver una situación problemática que te pudo tumbar pero que no pudo acabar contigo, y te vas a levantar con más fuerza y sabiduría de la que tenías antes de enfrentar ese obstáculo; porque una pared puede ser un límite o un reto, depende de ti.

Agradeciendo el estrés

Es comúnmente aceptada la creencia en que el estrés puede empeorar la depresión así que necesitas protegerte de él, pero según lo demuestra un estudio realizado por el departamento de psicología de la Universidad de Harvard en 2012, esa afirmación es completamente errada. El problema principal no es el estrés en sí mismo sino tener un mal concepto acerca de éste. Así que el objetivo de cualquier persona que desee vivir saludablemente no es liberarse del estrés sino conservar una actitud positiva durante experiencias demandantes. La respuesta fisiológica natural ante situaciones estresantes (aceleración del corazón y respiración, sudar, temblar, etcétera), lo que comúnmente se conoce como nervios y se suele malinterpretar como ansiedad o incapacidad para lidiar con la presión, resulta que no es perjudicial sino muy por el contrario prepara el cuerpo para dar lo mejor de sí. El experimento consistió en que antes de someter a los participantes a una serie de condiciones sumamente estresantes, se les dio una charla de lo beneficioso que es el estrés para la salud, y lo que pasó acto seguido es que sus vasos sanguíneos permanecieron relajados durante todo el experimento y en ningún momento durante las pruebas a las que fueron sometidos registraron vasoconstricción (que se consideraba inevitable en personas estresadas), la cual sumada a la aceleración del ritmo cardiaco ante el estrés, es lo que puede generar infartos o accidentes cerebrovasculares que erróneamente se han atribuido al estrés por sí solo. Por lo tanto, la próxima vez que escuches que alguien murió o enfermó por estrés crónico, no olvides corregir que lo que realmente dañó la salud de esa persona no fue el estrés sino la predisposición negativa.

Cuando comienzas a ver el estrés como una aliado, como un recurso que está poniendo todo tu cuerpo a tono para un reto elevado, entonces te vuelves mucho más saludable, sólo por cambiar de actitud. Adicionalmente, también se ha descubierto que el estrés mejora nuestra habilidad para socializar. La oxitocina es una neurohormona que afina los instintos sociales del cerebro y nos prepara para hacer cosas que fortalecen las relaciones cercanas, hace anhelar el contacto físico con familiares y amigos, mejora la empatía y nuestra disposición a ayudar y apoyar a la gente que nos importa, nos hace más compasivos y cariñosos, (algo sumamente útil para la recuperación de una depresión). La glándula pituitaria libera oxitocina como parte de la respuesta durante el estrés, al igual que libera adrenalina que hace que el corazón palpite más fuerte y las reservas de energía del hígado se liberen hacia la sangre a disposición de los músculos y el cerebro, la oxitocina es liberada para que busquemos apoyo (mecanismos de supervivencia sumamente evolucionados a través de millones de años). La respuesta ante el estrés nos motiva a decirle a los demás cómo nos sentimos en lugar de guardárnoslo, nos ayuda a que notemos más fácilmente cuando alguien a nuestro alrededor también lucha para que nos apoyemos mutuamente; en fin, la naturaleza quiere que durante el estrés te rodees de personas que se preocupan por ti, sea gente que ya conoces o gente nueva. Pero eso no es todo, la oxitocina ayuda a proteger el sistema cardiovascular de los efectos del estrés, es un antinflamatorio natural y ayuda a los vasos sanguíneos a estar relajados durante el estrés; y aún más, el corazón tiene receptores para la oxitocina la cual ayuda a las células cardiacas a regenerarse y recuperarse de cualquier daño producido por el estrés, fortaleciendo nuestro corazón y todos estos efectos se intensifican mediante el contacto social y el apoyo mutuo, de hecho, a la oxitocina se le llama la hormona de los abrazos porque se libera cada vez que abrazamos a otra persona. Así que cuando nos acercamos a alguien para dar o recibir ayuda la oxitocina se libera; es maravilloso cómo la misma respuesta ante el estrés que ofrece nuestro organismo incluye también un proceso de recuperación el cual viene de la mano del contacto y el amor a otros seres humanos.

Agradecer el estrés no es abusar de él; otra hormona que producimos cuando estamos estresados, el cortisol, inhibe la libido, las funciones digestivas, el sistema inmunológico, etcétera, porque son funciones en las que gastar metabolismo reduciría nuestra capacidad de respuesta ante la situación demandante que nuestro cuerpo quiere afrontar con todo lo que tiene (porque incluso podría tratarse de una situación de vida o muerte); pero son funciones importantísimas de las que no podemos prescindir durante mucho tiempo, así que el estrés es bueno cuando se combina con la cantidad adecuada de relajación y descanso.

7 | EL NIHILISMO

La "muerte de Dios" descrita por el filósofo Friedrich Nietzsche desplaza también el significado de la vida como un proceso de evolución espiritual, la utilización de cada experiencia como una oportunidad de crecimiento interior; y deja una gran nada en su lugar. ¿Cuál es el sentido de la vida ahora que no hay juez supremo a quien rendir cuentas de mis actos en una vida después de la muerte que me permita ser retribuido por mis acciones buenas o malas en este mundo? Un buen motivo para vivir sin ley divina es ser feliz y disfrutar de los placeres, pero resulta que no siempre vamos a ser felices, entonces la vida se torna muy amarga cuando además del sufrimiento no le vas a sacar ningún provecho a éste. Al dolor se le suma la sensación de pérdida total, el sinsentido, la ausencia del más mínimo beneficio posible de extraerse de esa experiencia.

Las personas con convicciones espirituales distintas

al "Dios está en deuda conmigo porque soy bueno" suelen tener una tolerancia muy alta a las experiencias de sufrimiento, porque le anexan un significado que levanta la moral en tiempos difíciles; a la fe en que el mal momento pasará, sin importar que no haya ninguna posibilidad visible y que todas las puertas estén cerradas ("bienaventurados los que creen sin haber visto", habrá una salida tarde o temprano), le añaden esa capacidad de ver el sufrimiento como una vía de crecimiento espiritual: porque a través de lo que padecemos progresamos en sabiduría y fortaleza, ya que el sufrimiento nos hace inmunes a las vicisitudes de la vida y también despierta nuestra mente a crear soluciones y hacer el mayor uso posible de nuestros recursos interiores (lo cual no sucede nunca en un ambiente cómodo y placentero), y por otro lado, porque también el sufrimiento nos hace personas más compasivas y humildes, más cercanas a los demás seres humanos y esa es la máxima aspiración de una persona que quiere crecer espiritualmente a la luz de cualquiera de las grandes religiones: la compasión, el estar más unido a otros seres humanos, el agradar al Padre Celestial por la forma en que trato a mis hermanos sus hijos.

Quien no sufre no puede ser compasivo, es ajeno a los padecimientos de su prójimo, y quien no es compasivo no puede ser buena persona, es por eso que se plantea tanto recelo y preocupación acerca de la moralidad de las inteligencias artificiales, ¿cómo le puede importar a una máquina la muerte de un ser humano si no sabe cuánto duele perder a un ser querido? Para una computadora tomar una decisión de vida o muerte sería sólo una cuestión de cifras, matar puede ser un acto perfectamente viable y aceptable para una inteligencia artificial. ¿Somos los humanos diferentes? Depende. Hay quienes creen que haber sufrido les da derecho a hacer sufrir a otros, por otra parte hay quienes asimilan el dolor como una vía de conexión con aquellos que sufren, y prefieren apoyar y ayudar a los demás; allí se distingue la bondad de la maldad, en lo que haces a partir de lo que has vivido; así como muchos creen que las ventajas innatas que les obsequió el destino son para sentirse superiores a los demás, mientras que otros las ven como una oportunidad que los responsabiliza de hacer un mayor bien por la humanidad con esos mayores recursos recibidos.

Quienes poseen una óptica materialista de la vida sentirán un gran pesar cuando sus acciones no son debidamente recompensadas; vivimos en un mundo resultadista donde se mira cuánto dinero o éxito tiene alguien y no con cuánta virtud lo logró. Para el espiritualista la recompensa a las buenas acciones está en la acción misma porque, cuando abandonamos este cuerpo, sólo la virtud ejercitada a través de cada acción permanece: el amor, la bondad, la valentía, la fuerza, la inteligencia, etc. Son esas cosas las que permanecen dentro de nuestro espíritu inmortal, no el resultado que hayamos obtenido, el reconocimiento, los títulos, los bienes materiales, eso pertenece a este mundo y en este mundo se queda. Si dos personas obtienen un título universitario, una entre privaciones y obstáculos, y la otra entre facilidades y con todos los recursos a disposición, ambos títulos valdrán igual aquí en este mundo, pero en el más allá sólo una de las dos personas tendrá un logro que represente un verdadero avance y riqueza personal, aquella persona que dio todo de sí para llegar a donde otros llegan sin ningún esfuerzo. Todo acto de virtud permanece como riqueza eterna adherida al espíritu.

Supongamos que algún día dentro de mil años hubiera que repoblar la Tierra y tuviéramos a disposición todos los cuerpos humanos para hacerlo, cuerpos modificados genéticamente que no envejecen ni mueren, pero falta la psique de cada uno de esos cuerpos; como no queremos volver a poblar el planeta con la misma clase de personas que se autodestruyeron, tenemos que dar alguna especie de prueba moral a las nuevas mentes que van a ocupar esos nuevos cuerpos, entonces creamos un simulador computarizado que permite formar mentes desde cero y ser desarrolladas y probadas en un entorno de libre albedrío sin ningún tipo de control o restricción, al final sólo las virtuosas serán acreedoras a un puesto en la nueva civilización, las demás se desechan por el recolector de basura del sistema, un algoritmo llamado El Juicio Final; este sistema creador y probador de mentes es una joya de la computación del siglo 31, así que lo que parece dentro del sistema miles de millones de años apenas transcurre en unos pocos días reales (esto para dar una sensación de insignificancia y soledad a los sujetos del sistema que realmente haga a la ética una consecuencia de la pureza interior y no del miedo al castigo de un ente superior), en una semana el universo simulado habrá colapsado en un Big Crunch y en el mundo real la Tierra será repoblada por sólo lo mejor de la especie humana.

¿Es ilógico creer que la existencia humana es producto de una tecnología superior? Pues pudiéramos comenzar por comparar los enormes avances de nuestra tecnología de información con la tecnología de información que utiliza la naturaleza. Si usáramos el ADN como medio de almacenaje de información podríamos guardar aproximadamente cien millones de películas HD (400.000.000 Gb) en un espacio tan reducido como la punta del borrador de un lápiz, o podríamos guardar toda la información que hoy contiene internet en un espacio más pequeño que una caja de zapatos. En cuanto a tamaño de almacenaje la naturaleza nos gana por una muy humillante goleada, pero ¿qué hay de la integridad de los datos? Las computadoras y medios de almacenaje que usamos actualmente tienen una vida útil no mayor de unas pocas décadas, luego comienzan a degradarse y se vuelven poco confiables, ¿y cuánto puede durar la información guardada en el ADN de forma íntegra y accesible? Una cadena de ADN tiene una vida promedio de 500 años, pero en un ambiente frio y oscuro el ADN se puede conservar hasta por doscientos mil años sin sufrir alteración alguna. Si doscientos mil años llegaran a ser pocos, los científicos actualmente están desarrollando ADN sintético que se puede auto-reproducir, y es que todas las cifras que he señalado anteriormente proceden de estudios hechos sobre el manejo de información mediante ADN, que se considera será el medio de almacenaje de datos del futuro. Ya en 2016 investigadores de Microsoft y la Universidad de Washington rompieron un record de almacenaje de datos en una cadena de ADN con doscientos megabytes, que incluían la declaración universal de los derechos humanos y un video musical

HD. La naturaleza nos enseña a reverenciar e imitar sus métodos porque son los mejores.

Además, son indispensables más de doscientos parámetros perfectamente presentes para que se dé la vida en un planeta (por ejemplo la existencia cercana de un astro masivo como Júpiter, cuya enorme fuerza gravitatoria atrae hacia sí todos los golpes de asteroides que pudieran impactar la Tierra destrozándola). Asimismo, los valores de las 4 fuerzas fundamentales del universo (gravedad, electromagnetismo, nuclear fuerte y nuclear débil) fueron fijados apenas una millonésima de segundo después del Big Bang, si por ejemplo la proporción que hay entre las fuerzas electromagnética y nuclear fuerte se hubiera cambiado por apenas una fracción de la fracción más pequeña concebible, entonces ninguna estrella se podría haber formado en absoluto. En fin, el universo es tan exageradamente preciso que creer que todo pasó por casualidad desafía el sentido común, es una suerte comparable a lanzar una moneda al aire y obtener cara mil trillones de veces seguidas.

¿Qué nos queda entonces, creer en una inteligencia superior por un simple acto de lógica? No necesariamente, aún queda un sucio truco bajo la manga: universos infinitos. Una teoría elaborada por científicos ateos militantes, la cual pretende decir que todo se dio de forma tan precisa porque todas las demás casi infinitas posibilidades de inexistencia de la vida también ocurrieron en los infinitos universos paralelos que según ellos existen y ¿evidencia de ello es? Bueno, no hay ninguna evidencia de ello, pero los ateos tienen derecho a dar un salto de fe y sólo creer.

Sólo los argumentos científicos tienen validez, no los argumentos filosóficos, porque la forma en que una bacteria en mi cuerpo me pueda percibir (si acaso puede hacerlo) no modifica lo que yo soy. Si hay un Dios que creó el universo, lo hizo hace catorce mil millones de años, antes que el tiempo mismo tuviera su origen, por lo que las reglas del tiempo (que rigen todo nuestro razonamiento en función de pasado-presente-futuro), no aplican al Creador; del mismo modo que la gravedad de la Tierra no gobierna en el resto del universo y por lo tanto aquellos terraplanistas (tribu urbana de conspiranoicos que en pleno siglo 21 no les da vergüenza creer que la Tierra es plana) que usan el experimento del agua sobre una bandeja y sobre una balón, para "demostrar" que la Tierra es plana porque únicamente lo plano puede soportar cuerpos en su superficie, sólo nos dan un buen tema de conversación para reír con nuestros amigos.

Y el conocimiento científico no es dogmático, la ciencia se basa en comprobaciones y la apertura a los nuevos descubrimientos, a medida que avanza se van haciendo nuevos hallazgos y lo que sabemos ahora es apenas una mínima fracción de lo que sabremos en doscientos años, así como lo que sabíamos en el siglo 18 es vergonzosamente limitado comparado con la actualidad. Es evidente que la realidad no espera por la ciencia humana; los virus han estado matando seres humanos desde millones de años antes que los descubriéramos; asimismo, una inteligencia superior creadora del universo no va a ponerse en pausa hasta que nosotros nos demos por notificados de su existencia.

Pero ¿cuál es el problema del ateísmo? Simple, que si no hay un Dios ni una vida después de la muerte que traiga a cuenta mis actos en esta vida, entonces absolutamente nada impide que me suicide y me vaya a la nada, a la tierra del olvido, lo cual terminaría mi dolor. El ateísmo es una peste que ha dado origen a ideologías tan destructivas y crueles como el comunismo que parte de la premisa que "la religión es el opio del pobre" y por lo tanto hay que ir a destrozar a los ricos y robarles todo lo que poseen, ¿y a dónde nos llevó esta premisa? ¿Al paraíso de justicia social e igualdad que prometía? Nada de eso, llevó a la formación de nuevos ricos y a la creación de injusticias mucho mayores que las que pregonaba iba a combatir, porque si Dios no existe y no hay vida después de ésta ¿qué importa que mate de hambre a 60 millones de chinos porque vendo el grano de su alimentación a la Unión Soviética a cambio de una bomba atómica, como lo hizo Mao Tse-Tung? Democidios similares hicieron Stalin, Pol Pot, Idi Amín, Kim Il-Sung y muchos otros líderes comunistas ateos; asesinar masivamente a su propio pueblo por juego, como si de piezas de ajedrez se tratara. Porque para el ateo la muerte no conduce al juicio de Dios sino a la impunidad total.

Las ideas del filósofo ateo Karl Marx han inspirado

muchas monstruosidades sobremanera conocidas a lo largo de la historia; pero no hay que perder de vista a esta otra joya que fue Friedrich Nietzsche con su "Superhombre" (Übermensch), que es el hombre que crea su propio sistema de valores y decide lo que es bueno o malo, no según principios morales ajenos tales como esa "moral de esclavos" judeocristiana sino en función de su propia voluntad de poder (el bien es aquello que me lleva al poder). Poco importa que la filosofía atea de Nietzsche lo llevara a él a contraer sífilis y terminar sus días en la demencia, el problema es que esa filosofía se propagó cual peste inspirando a personajes como Adolf Hitler, Fidel Castro, Hugo Chávez, entre muchos otros, embelesados fans que frecuentemente citaban emocionados las ideas nietzscheanas como parte de su corpus doctrinario. Hugo Chávez una vez fue tan ocurrente de decir públicamente que Jesucristo y el Che Guevara eran superhombres (Übermensch), tal vez nunca fue capaz de discernir ni una sola de las innumerables diferencias entre ambos; a su vez los seguidores de Chávez pintan en las calles de Caracas retratos de Jesucristo con un fusil en las manos; los colectivos sicarios que masacran a los venezolanos también son herederos del ateísmo de Nietzsche por medio de Chávez.

Los ateos pecan de ingenuidad al creer que todas nuestras estructuras éticas (formadas durante siglos bajo la premisa deísta de un Ser o seres superiores que pedirán cuenta de nuestros actos en la vida después de esta vida), van a seguir allí inalteradas una vez que quitemos la idea de Dios que les dio forma.

8 | SOBREVIVIENDO A LA DEPRESIÓN

Llega el momento en el que debes entender que la depresión no te va a permitir usar tu energía en cosas que no te llenen el alma, no va a dejar que sigas traicionándote de esa manera, así que para reactivarte no tienes otra alternativa que tantear diferentes actividades hasta que des con una que realmente ames hacer, algo que harías aun gratuitamente, sólo una actividad que hagas con amor podrá pasar el filtro de la depresión.

Aprendes a escuchar a tu corazón; recientes estudios han encontrado más de cuarenta mil neuronas en el corazón humano, lo cual sugiere que son acertadas todas las referencias religiosas y románticas de la antigüedad que le dan al corazón cualidades intelectuales y sobre todo emocionales. Es importante escudriñar en tus sentimientos más profundos, lo que realmente te hace feliz o no, una introspección intensa es el camino hacia la salida de la depresión.

Los místicos recomiendan el silenciamiento mental como vía de acceso a la sabiduría del corazón, si la mente tiene tan enorme cantidad de neuronas con relación a las del corazón, es lógico que hablen mucho más alto en nuestro interior, pero esos susurros del centro de nuestro pecho pueden contener las mejores respuestas posibles. Entre más silencio hagas, más hábil serás para escuchar. Hay un ejercicio llamado "meditación en un minuto" que es un perfecto comienzo y, pese a ser tan breve, es sumamente poderoso; consiste en tratar de permanecer durante un minuto sin pensar en nada, cuando aparezca un pensamiento simplemente lo cuentas y lo observas como un espectador externo, y continuas el proceso hasta completar los sesenta segundos; al final tienes que llevar la cuenta de los pensamientos que aparecieron, contarlos todos, sin intentar restar o sumar porque muchos o pocos pensamientos contados dan exactamente el mismo resultado (la meta no es contar menos o más pensamientos sino contarlos todos, así que no lo hagas con la intención de modificar la cantidad final porque no vas a ser mejor con aumentar o disminuir el contador, no se trata de eso), el objetivo no es tampoco aumentar el minuto, cuando sientas que puedes hacer más, no extiendas el minuto a dos minutos sino sólo repítelo varias veces al día tantas veces quieras, pero siempre limitado a sesenta segundos, porque el objetivo es que aprendas a entrar en meditación rápidamente y sin interrumpir tus actividades diarias en lo más mínimo.

Una vez que encuentres algo que te apasione a pesar de la depresión, que hasta te obsesione, trabaja en ello;

la mayoría de las emociones positivas no las obtendrás de los logros sino de ver que las cosas van marchando. ¿Sabías que hay gente que se deprime después de entregar su tesis doctoral? ¡Cómo puede ser que no esté feliz! Porque está en un punto donde ya no tiene ningún propósito que le anime, mientras estaba trabajando por la tesis, ésa era su motivación, pero al terminar cae en un vacío, el "¿y ahora qué hago?" es la idea que le queda. Es por eso que más que pensar que un gran logro te sacará de la depresión, es un gran propósito lo que lo hará, es sentir que cada día te mueves hacia donde quieres. Por lo tanto si no tienes un trabajo entonces emprende algo, no importa que no sea remunerado, un conocido vencedor de la depresión decidió que, como su psiquiatra le recomendó hacer ejercicio, iba a darle la vuelta a su país en bicicleta y se embarcó en esa aventura llena de peligro y situaciones novedosas, a la actividad física le añadió un propósito; ten presente que la ociosidad es un agente depresivo.

Entiende que no es tu culpa tener depresión, es algo que le puede pasar a cualquiera; la pérdida de un ser querido, el desempleo, una ruptura sentimental, padecer violencia o abuso, contraer una enfermedad, son algunas de sus causas, experiencias a las que todos los seres humanos estamos expuestos y serán factores externos los que decidan si nos toca vivirlas o no; la única decisión que sí podemos tomar es superarlas, y para ello es necesario buscar ayuda y hacer una profunda búsqueda interior en tus valores y la nueva visión que te permitirá trascender ese estado.

Tienes que aceptar que tienes depresión y eso tal vez va a disminuir tu rendimiento (por lo menos hasta que encuentres algo que ames hacer). Habla, relaciónate, no te aísles y te irás despidiendo del dolor producto de la inactividad social. Haz ejercicio físico o un pequeño paseo frecuentemente. Practica la meditación y la oración, realizar tu búsqueda espiritual te ayudará. Evita el alcohol y las drogas, pues sólo complican la depresión. Intenta comer y dormir lo mejor posible.

Llega un punto en el que haces consciencia de la estructura de tu cuerpo, más de trescientas sesenta articulaciones y alrededor de setecientos músculos esqueléticos ¿para qué crees que son? ¿Para sentarnos todo el día? Si estuviéramos hechos para la quietud tendríamos el cuerpo de una ameba, una esponja, una almeja o un caracol. Durante millones de años nuestros cuerpos han sido moldeados por el estilo de vida dinámico de nuestros antepasados, versus la esclavitud sedentaria de las últimas décadas que hace que la mayoría de los trabajos se lleven a cabo desde la inmovilidad corporal. Sentarse un momento para descansar está bien, el error es sentarnos cuando no estamos cansados porque el cuerpo de un animal vertebrado como nosotros necesita acción. El movimiento no es sólo una habilidad sino una necesidad, la sangre depende de un cuerpo en movimiento para circular apropiadamente, las células nerviosas también se benefician del movimiento, así que cada centímetro de nuestro cuerpo está listo y a la espera de acción; a medida que aumentamos los minutos sentados nuestros cuerpos se resienten ¿alguna vez has sentido adormecimiento en alguna extremidad? Eso es un síntoma del daño que le hace el reposo prolongado a nuestros cuerpos. Estar sentados durante largos periodos también hace desactivar la lipoproteína lipasa, una enzima especial de las paredes de los capilares sanguíneos que descompone las grasas en la sangre, es por eso que a largo plazo el sentarse por tiempo prolongado no sólo está asociado a desarrollar enfermedades cardiovasculares, sino como lo demuestran distintos estudios recientes, propicia varios tipos de cáncer, diabetes, problemas renales y hepáticos, etcétera, como por supuesto también la depresión.

Y en cuanto a las situaciones y relaciones adversas, verás que haber pasado por todo eso te ha dotado de una resiliencia y flexibilidad dignas de admiración, de ahora en adelante nada te desgasta, nada te rompe. Eres el único edificio que siguió en pie después del temblor, la única palmera que no se rompió ni se dejó arrastrar por el huracán, soportaste, persististe y por lo tanto venciste.

Superaste la tentación de hacer de la tristeza tu zona de confort, es algo que ya conoces y dominas y por lo tanto te puedes acomodar a permanecer allí, pero cuando encuentras el amor por lo que haces más nunca vuelves a bajar los brazos, los brazos se te levantan solos atraídos por ese amor que te mueve a seguir, el amor verdadero es una fuerza imparable.

Ya no necesitas que los acontecimientos externos te

muevan a estar alegre, tienes una alegría que persiste más allá de las circunstancias porque, cuando has pasado por tanto dolor, la alegría surge más fácilmente y sin motivo.

Después de haber visto todo derrumbarse y estar durante tanto tiempo rodeado por ruinas, comienzas a entender que no importa el resultado, lo importante es construir, y si se derrumba de nuevo no pierdes nada, ya has estado en medio de ruinas y en medio de nada, así que ya no le tienes miedo al fracaso, cualquier avance por pequeño que sea es una ganancia y ahora que el amor por lo que haces es tu combustible inagotable, es imposible la inactividad.

Has pasado a ser alguien consciente de tu propia capacidad de supervivencia, alguien que pudo seguir más allá de la depresión y por lo tanto puede superar obstáculos, no hay un abismo del que no pueda salir y si cae cien veces se levanta esa misma cantidad de veces.

Te redescubres como una persona fuerte, persistente, sabia, alegre e invencible, porque tuviste la suerte de recibir la visita de la depresión y en esa clase de persona te convirtió.

Comienzas a entender que el resultado no es tan importante como la virtud que desarrollaste a través de la obra, ya no importa cuánto dinero ganas sino con cuanta virtud lo obtienes, si realmente estás dándole algo a la humanidad o no. Entiendes que la recompensa a las buenas acciones son las buenas acciones en sí, que te permiten ser mejor persona y no importa ya el reconocimiento, la gratitud o el aplauso que recibas de los demás, porque al final no todos los demás van a estar satisfechos contigo, tal vez algunos pero nunca todos. Eso lo aprendí en una historia que leí cuando niño (unos diez años de edad), en la parte trasera de un menú de restaurant, el espagueti fue pésimo (¡cómo alguien puede servir un espagueti con un enorme pozo de agua en el fondo que pone la salsa insípida! Sólo un irresponsable que no escurre bien el agua antes de ponerlo en el plato), pero la historia valió esa pena y hubiera valido una mayor, su moraleja comprobada una y otra vez a lo largo de mi vida nunca se apartó de mí y me acompañó para darme ánimo ante la desaprobación exterior, a partir de allí mi vida sólo se centraba en cuánta aprobación sentía por mí mismo, es a mí mismo a la única persona que nunca debo decepcionar.

Comienza con un niño, su abuelo y el burro de ambos recorriendo el camino (tal vez ya conoces la historia), al atravesar un pueblo los lugareños comienzan a murmurar que eran unos estúpidos al tener un burro y caminar pudiendo ir sobre él; así que el abuelo subió al niño para que descansara un poco y eso despertó muchas críticas de quienes decían que un niño tiene mucha más resistencia y debía ser el abuelo quien usara el burro, así que el niño decidió bajarse y ceder el burro a su abuelo, pero eso también fue desaprobado por muchos que opinaban que el abuelo era un abusador al hacer que un niño tan pequeño caminara mientras él iba cómodo en el burro; sólo quedaba una alternativa que tal vez dejara a todos satisfechos, ambos se subieron al burro y ¿qué sucedió? Que se hicieron oír las voces de quienes reprobaban el abuso de poner al animal a cargarlos a los dos. La moraleja es: hagas lo que hagas siempre va a haber quien hable mal de ti. Haz siempre lo que tú creas correcto y que digan lo que quieran.

La depresión no empobreció mi vida, la enriqueció. Me hizo más humano, más compasivo, me dio un propósito moral que es sanarme y ayudar a otros a sanar a través de las experiencias destructivas, pero sobre todo me permitió corregir una gran debilidad: no sabía perder. Cuando te acostumbras al éxito, a ser excelente en todo lo que haces, a siempre obtener buenos resultados, un día la vida te sorprende con una gran derrota y no sabes asimilarla. Hoy me he rehabilitado de esa gran debilidad y soy un ser humano evolucionado, la tristeza que me acompañó por cerca de una década me dejó la gran enseñanza de estar alegre aunque el mundo se caiga a pedazos, aunque todos los resultados sean malos, y esa hoy es mi mayor fortaleza. Después de haberlo perdido todo, disfruto mucho más las pequeñas cosas de la vida que antes ni notaba, y cuando sufro una derrota o una pérdida ya no me afecta. Mi mente desarrolló resistencia a muchas experiencias adversas que ya no me pueden dañar, como esa pequeña bacteria a la que le dieron a probar todos los antibióticos y ahora es resistente a todos.

Siempre disfruté escribir mensajes que animaran a las personas a mi alrededor, especialmente en los momentos difíciles de sus vidas, era un regalo que podía darles cuando no tenía un centavo en mis bolsillos para obsequiarles algo material. Eso me llevó a integrar en mi cotidianeidad el hecho de que las ideas y las palabras tienen poder, pueden animar o desanimar naciones enteras, construir o destruir imperios, hacer mucho bien o hacer mucho mal. Las puedes llevar a todas partes sin que ocupen ningún espacio ni pesen nada en tu equipaje y, no obstante eso, pueden ser la fuerza más importante con la que cuentes el resto de tu vida.

Escribiendo este libro volvieron a mi memoria tantos recuerdos de los años que viví en depresión. El dolor, la impotencia, la confusión, la culpa, la vergüenza, el escapismo, la desesperanza. En aquel entonces nunca pensé que saldría de ese estado, pero la vida da muchas inesperadas vueltas cuando sigues viviendo. Si no hubiera escrito este libro no habría recordado esas cosas, porque se perdieron en el pasado y mi vida es otra. Todo pasa, los malos momentos pasan y se acaban, y los olvidas; yo los olvidé y tú los olvidarás.

www.ingramcontent.com/pod-product-compliance
Lightning Source LLC
Chambersburg PA
CBHW070716250726
48662CB00001B/440